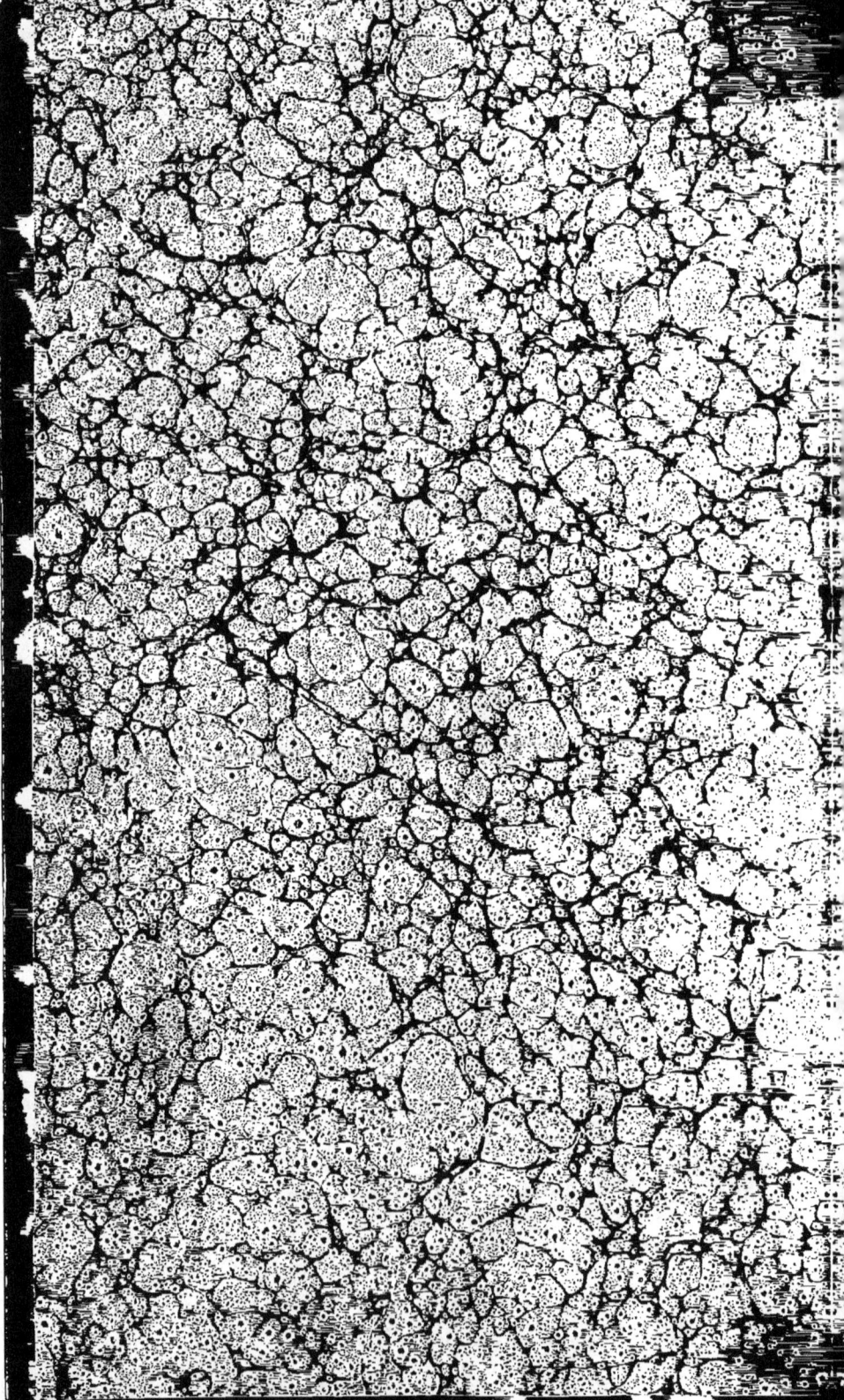

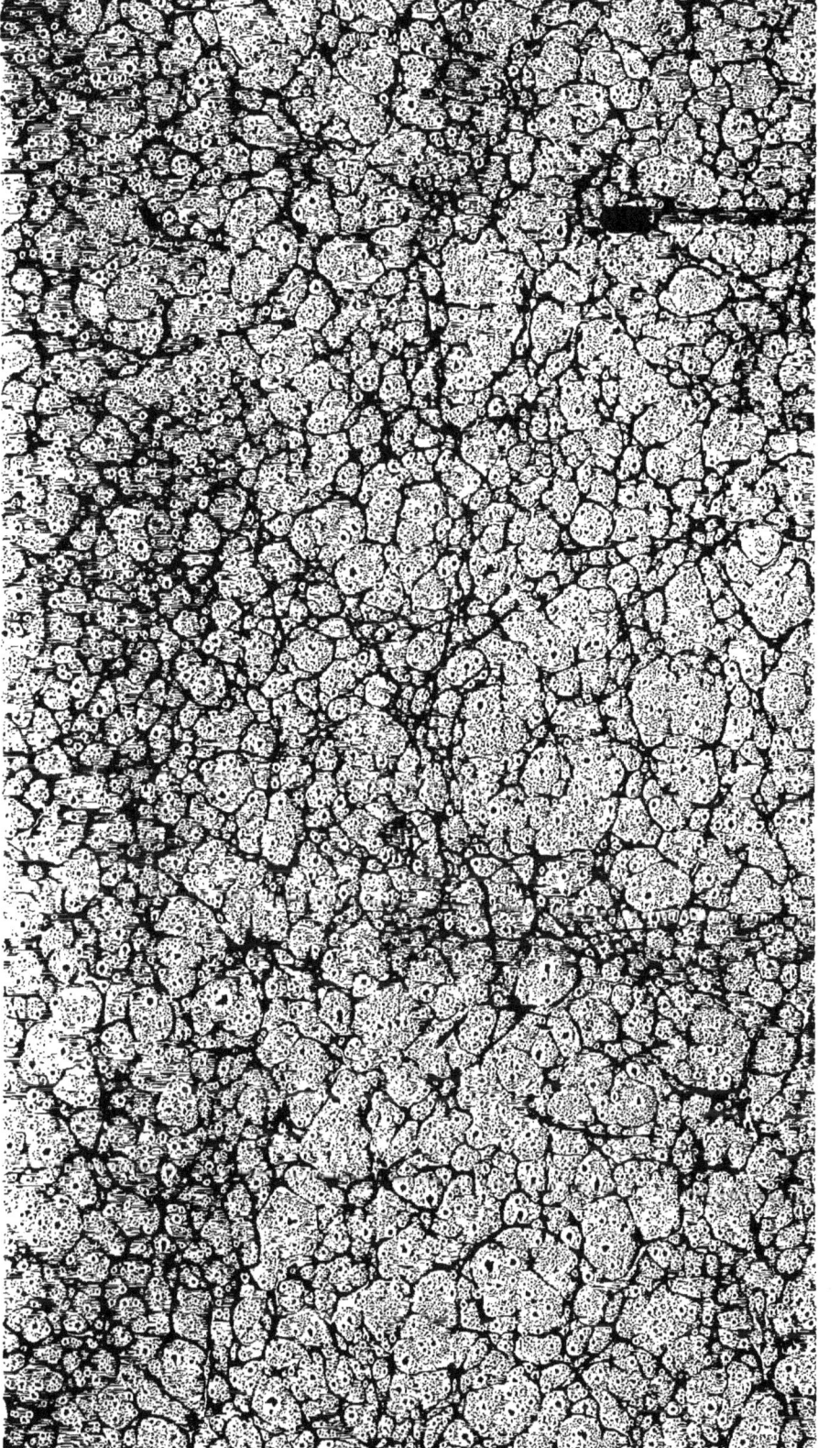

No 12.425

A

12425

DISSERTATION
SUR LES PSAUMES.

De l'imprimerie de
Jules Didot l'aîné,
RUE DU PONT-DE-LODI, N° 6.

DISSERTATION

SUR

LES PSAUMES

TRADUITE DU LATIN DE J. B. BOSSUET,

ET ACCOMPAGNÉE DE NOTES,

PAR M. MARIE-NICOLAS-SILVESTRE GUILLON,

PROFESSEUR D'ÉLOQUENCE SACRÉE
EN LA FACULTÉ DE THÉOLOGIE DE PARIS.

A PARIS

CHEZ DELESTRE-BOULAGE,
LIBRAIRE DE L'ÉCOLE DE DROIT,
RUE DES MATHURINS-S.-JACQUES, N° 1.

M DCCC XXII.

PRÉFACE
DU TRADUCTEUR.

Dans l'*avertissement* d'un ouvrage nouveau (1), qui, nous dit-on, jouit d'une grande vogue, on lit : « Nous avons placé à la tête de ce livre « une dissertation sur les Psaumes, de Bos- « suet : elle est *tout entière de lui*, et *traduite* en « grande partie du latin. Nous croyons que nos « lecteurs nous en sauront gré, parcequ'*elle est* « *très peu connue*. Elle est divisée en huit cha- « pitres ; nous n'en donnerons que *trois* (2). »

Ce peu de lignes pourroit fournir matière à bien des observations : en voici quelques unes.

La dissertation de Bossuet *est tout entière de lui* : que veut dire cette réflexion ? Avons-nous de l'évêque de Meaux des ouvrages qui ne soient pas *entièrement* de lui ?

Publier, comme simple dissertation, un ouvrage que Bossuet adressa au chapitre de son

---

(1) *Les Psaumes*, traduction nouvelle, par M. Eug. Genoude, 1 vol. in-8°, Paris 1819. — (2) *Avertissement*, pages 2 et 3.

Église, aux curés et communautés religieuses, à tout le clergé de son diocèse; un mandement vraiment épiscopal, servant d'introduction à la savante édition des Psaumes et des cantiques qu'il mettoit dans les mains de tous les fidèles : n'est-ce point, en la détachant de son majestueux ensemble, la dépouiller de son plus noble caractère? On pouvoit conserver à l'ouvrage le titre de dissertation, puisque Bossuet n'a pas dédaigné de l'employer : on ne devoit pas, du moins dans un avertissement, négliger d'instruire le lecteur des circonstances qui attachent à l'ouvrage une si haute importance.

M. Genoude l'a, dit-il, *traduite en grande partie* du latin. Traduite? confrontez avec le texte : vous n'en avez pas même l'abrégé. Pas l'ombre, pas le moindre sentiment de cette plénitude de doctrine, qui, sous la plume du nouveau Chrysostome, se répand dans les plus heureuses citations de l'Écriture et des Pères, de cet élan continu, toujours progressif, des transports de l'ame, qui montre l'orateur sublime là où l'on ne croyoit trouver que l'érudit : rien qui puisse retracer à la mémoire du lecteur ni cette élévation et cette perspicacité de pensée, qui non seulement embrasse chacun des objets dans son vrai point de vue, mais en aperçoit les conséquences les plus éloignées ; ni cette abondance et cette vigueur pittoresque de style, dont Bossuet sait empreindre toutes ses compositions, quelque langue qu'il parle ; en un mot, ce qu'un illustre écrivain de nos jours appelle sa sublime simplicité et sa prodigieuse magnificence (1).

Si la traduction du Psautier ressemble à celle de la dissertation, l'auteur peut se vanter d'avoir enrichi la littérature d'une théorie toute nouvelle de l'art de traduire.

Sur les huit chapitres qui composent l'ouvrage de Bossuet, M. Genoude n'en donne que trois. Les autres ne méritoient-ils pas la même faveur? Il y suppléera, dit-il, par des notes rejetées à la fin du volume (2). Nous affirmons qu'elles sont incomplètes et infidèles.

Pour nous borner aux trois chapitres qu'il suppose avoir *traduits*, M. Genoude réduit à

---

(1) Le cardinal Maury, *Essai sur l'éloq. de la chaire*, t. I, pag. 96, édit. de Paris 1810. — « Dans cette dis-
« sertation sur les Psaumes, tout ce qu'il importe à la
« plupart des chrétiens de savoir sur cette partie si im-
« portante de la Bible est exposé avec autant de pré-
« cision que d'ordre et d'exactitude. » (M. de Bausset, *Vie de Bossuet*, tom. II, pag. 10.)

(2) *Avertissement*, pag. 3.

quatorze lignes les quatre premiers numéro de ce premier chapitre, formant la valeur d'au-delà quatre pages in-octavo.

Bossuet commence son livre par un hommage rendu au caractère de l'inspiration divine qui a dicté tous les livres de l'Écriture, et à l'énergique efficacité de ses opérations sur l'esprit et le cœur de l'homme : inspiration qui se manifeste plus sensiblement encore dans celui-ci, par le charme particulier qui s'attache à la poésie dans laquelle il est écrit. Tout ce début est omis. Le dessein du chapitre, énoncé par Bossuet, d'après un beau texte de saint Augustin, et développé avec éloquence, n'est pas même indiqué.

La seconde page est tout entière de l'invention du soi-disant traducteur; et l'on y fait parler au grave, au *saint* évêque de Meaux un langage fait pour inspirer plus que de l'étonnement: « Ces chœurs (de musique) étoient des « troupes d'hommes et de femmes, de jeunes « filles et de jeunes garçons, vêtus de la même « manière, chantant le même air, en dansant « le même pas, etc. » On croit lire l'auteur du *Voyage d'Anacharsis* décrivant les danses lesbiennes. Bossuet, qui, dans ce commencement de son ouvrage, ne dit pas un mot des danses dont les chants étoient accompagnés, ne pourra point éviter d'en parler dans la suite, au chapitre VI, n° 33; mais comment? Dès le titre, il prépare l'esprit du lecteur en les annonçant par une épithète qui éloigne toute idée profane, *De choreis et piâ saltatione*. Rigoureux observateur de toutes les bienséances, Bossuet se gardera bien de préjuger la question, long-temps agitée parmi les savants (1), si les femmes chantoient dans le temple avec les hommes; moins encore si *les jeunes filles dansoient un même pas avec les jeunes garçons*. Il s'enferme dans ces expressions simples : *In canendo, priscum illum populum sacras egisse choreas, atque ab ipso Davide fuisse frequentatas, sa-*

___

(1) « Les rabbins enseignent qu'il n'est pas permis à « un homme de chanter dans le temple avec une femme, « et que c'est là une faute semblable au crime le plus « contraire à la pudeur. » (Dom Calmet, *Dissert*. Bib. de Vence, t. VI, pag. 172.) « La plupart des interprètes « chrétiens croient que si quelquefois l'Écriture parle « des femmes ou des filles qui ont chanté dans des céré- « monies de religion, c'étoient des cas extraordinaires, « et dans des cérémonies qui se passoient hors du tem- « ple. » (*Ibid.* pag. 132.) Buxtorf et Selden paroissent n'admettre de danses permises chez les Juifs que celles qui avoient lieu dans les mariages. (*Synag. jud.*, cap. XXXIX, p. 628.)

cra narrat historia : « Nous apprenons des livres « saints que, dès la plus haute antiquité, les « Hébreux avoient des danses religieuses, que « nous y voyons encore célébrées fréquemment « par David lui-même. » Et encore a-t-il la précaution de faire intervenir le grand nom de S. Grégoire de Nazianze, pour écarter par cette image auguste toute pensée profane de l'esprit du lecteur.

Les pages suivantes, jusqu'à la page 8, ne sont encore que des analyses, point du tout des traductions.

Tout-à-coup M. Genoude abandonne, non plus seulement le texte, mais jusqu'au livre lui-même, pour se jeter à travers le *Discours sur l'histoire universelle,* dont il copie de longs passages sur les prédictions concernant le Messie : comme si Bossuet avoit été réduit à se répéter lui-même ; tandis que, dans les endroits de sa dissertation où il parle des prophètes, comme par-tout ailleurs, son inépuisable génie se montre, jusque dans l'expression, toujours original, toujours *divers* (1).

---

(1) Expression de Montaigne et de La Fontaine, bien souvent appliquée à Bossuet.

Il faudroit un volume pour relever toutes les inexactitudes de détail échappées au nouveau traducteur dans la simple esquisse bornée à ses trois chapitres.

« Le livre des Psaumes est la collection des « plus anciens hymnes. » Bossuet ajoute, *et odarum*. Tous les interprètes et grammairiens auroient appris à M. Genoude que ces mots ne sont pas synonymes.

Les premiers Hébreux les chantoient. N'étoient-ce que les premiers Hébreux? leur postérité en a-t-elle laissé perdre l'usage? Bossuet : *Prisci illi Hebræi :* « Ces Hébreux, remontant à « une si haute antiquité. »

Les chantoient dans l'intérieur de leurs maisons et dans les assemblées solennelles. Bossuet : *Privatim ac publicè, atque inter ipsa sacra, solemnesque conventus :* non seulement *dans l'intérieur de leurs maisons et dans les assemblées solennelles*, mais dans le temple et dans les cérémonies de religion ; mais dans toutes les réunions solennelles, même civiles ; par exemple, ajoutent les monuments de l'histoire, « pour « une victoire d'un prince, ou pour lui sou- « haiter une heureuse expédition, ou pour son « mariage, ou pour son nouvel avénement à la

« couronne (1). » Bossuet indique tout cela dans une expression générale: la rapidité de sa marche ne lui permettoit point les détails.

M. Genoude : « Le premier (des cantiques « de Moïse) nous met devant les yeux le pas- « sage triomphant de la mer Rouge, et les en- « nemis de Dieu, *les uns déjà noyés, et les autres* « *à demi vaincus par la terreur.* »

Bossuet, à la suite de diverses circonstances, que M. Genoude supprime : *Cùm undis obruti hostes adhuc in conspectu essent, et marinis fluctibus jactata cadavera volverentur.* Donc naufrage universel, plus d'ennemis existants : ils sont donc plus que *à demi vaincus par la terreur.* Bossuet ne dit rien de plus ni de moins que le texte sacré.

« Il n'y a, à proprement parler, que le peu- « ple d'Israël où la poésie soit venue par en- « thousiasme. »

Réflexion oiseuse, démentie par l'histoire, et qui ne s'est pas même présentée à la plume de Bossuet.

M. Genoude ajoute, retranche même dans ce qu'il conserve (2), mutile à son gré, se donne

---

(1) Dom Calmet, *Dissert.*, Bibl. de Vence, t. VI, p. 172.
(2) Par exemple, le paragraphe du chapitre II où

droit de vie et de mort sur le texte sacré, sur les originaux les plus respectables. Il étoit réservé à notre siècle de voir une pareille licence accueillie, encouragée. Bossuet ne s'est jamais cru plus savant que l'Esprit-Saint : M. Genoude se croit plus inspiré que Bossuet !

C'en est assez pour juger le travail du nouveau traducteur.

Le motif qui l'a porté à l'entreprendre, c'est, dit-il, que la dissertation de Bossuet est *très peu connue*. Elle ne l'est point autant que les *Oraisons funèbres* et le *Discours sur l'histoire universelle*, devenus, par le caractère du sujet, des ouvrages classiques, même pour le commun des littérateurs; cela peut être : mais étoit-il, même avant que le digne historien de Bossuet, M. l'évêque d'Alais, ne publiât la vie de l'évêque de Meaux, qui nous fait si bien connoître et son histoire et ses ouvrages, étoit-il un ecclésiastique, tant soit peu instruit, à qui il fallût apprendre qu'il existoit un commentaire *excellent* de Bossuet sur les Psaumes, précédé d'une introduction *admirable*, sur-tout

---

Bossuet rappelle David décrivant avec l'énergique précision de l'histoire les souffrances du Sauveur est omis tout entier.

dans le dernier chapitre, qui traite de l'usage que l'on peut faire des Psaumes dans tous les états de la vie? Ce sont les propres termes d'Arnauld (1). Un ouvrage publié par Bossuet dans un vaste diocèse voisin de la capitale pouvoit-il rester obscur? Non, sans doute : aussi avoit-il été célèbre dès sa naissance. Le ministre La Roque l'avoit annoncé à l'Europe savante, dans ces paroles : « M. Bossuet a mis en tête de l'ou-« vrage une savante dissertation, où il éclaircit « les principales difficultés qui se rencontrent « dans les Psaumes. Les notes ajoutées au texte, « pour son éclaircissement, sont tout ensem-« ble claires et courtes (2). » Tous les interprètes et commentateurs des Psaumes venus après ont puisé à cette source commune. Bellanger, entre autres, a emprunté de cette dissertation dix-sept pages in-quarto, dont il a fait le plus bel ornement de sa préface sur les Psaumes (3). Un autre : « J'ai pris pour guides « en cette partie tous les grands hommes que

---

(1) Lettre 803, t. III, édit. complète. in-4°, pag. 351.
(2) *Journal des Savants*, t. XXI, pag. 474.
(3) « Hæc pauca è multis, præsertim ex celeberrimo eodemque doctissimo Meldensium olim præsule, magno illo Bossuetio, retulisse sufficiet. » (*In Præf. Psalm.*)

« Dieu a suscités dans ces derniers temps pour
« mettre à notre portée les trésors des saintes
« Écritures; » et il cite particulièrement Bossuet (1).

Lefranc de Pompignan n'a pas manqué de payer à la mémoire de Bossuet cet honorable tribut dans sa traduction des odes sacrées : « Ce
« prélat à jamais célèbre, qui a été lui-même
« le plus sublime et le plus éloquent des hom-
« mes, a fait, dans le chapitre second de sa pré-
« face latine des Psaumes, une analyse admi-
« rable de la poésie de Moïse et de David : cet
« examen littéraire est plein de justesse et de
« sagacité (2). »

Dans une de ses harangues, prononcée en 1695, à la tête du corps enseignant, Rollin rappeloit les travaux de Bossuet sur l'Écriture, comme l'un des plus beaux titres à la gloire dont jouit dans le monde ce génie vaste et profond qui a su faire marcher de front toutes les sciences ecclésiastiques, a marqué par autant de chefs-d'œuvre chacun de ses pas dans la carrière littéraire, et n'est nulle part inférieur

---

(1) *Nouv. trad. des Psaum.* Paris, Egron, 1809, préf. pag. 21.

(2) *Disc. prélimin.*, édit. in-4°, Paris, 1763, pag. 38.

à lui-même (1). (Nous ne faisons que traduire M. Rollin.) Il fait plus encore : dans son *Traité des Études*, il en rapporte un assez long passage tiré du second chapitre, qu'il propose tout entier comme un modèle achevé de la manière dont il faut lire l'Écriture (2). Quel est l'écolier qui n'ait pas lu le *Traité des Études*, et qui par conséquent ne connoisse pas les principaux ouvrages qui s'y trouvent cités, sur-tout quand ils le sont d'une manière aussi remarquable?

Le livre de Bossuet sur les Psaumes n'est pas moins célèbre chez les étrangers qu'en France. L'auteur du traité *De sacrâ Hebræorum poesi*, devenu classique, Lowth, en a fait le plus magnifique éloge en l'imitant. Un autre écrivain, qui a porté plus loin encore que Lowth ses vues et ses découvertes sur la poésie des Hébreux, a profité non moins avantageusement dans ses notes et ses traductions de l'ouvrage de Bossuet, qu'il cite fréquemment(3). Est-ce donc là un ouvrage dont on puisse dire, comme d'une

---

(1) *Oratio academ. inter Opusc.*, t. II, pag. 268. Paris, 1771.

(2) Tom. I, édit. in-4°, Paris 1740, pag. 662.

(3) Saverio Mattei, *Bibbia poetica*, 6 vol. in-8°, Napoli, 1773.

médiocre production, qu'il *est très peu connu?*

Disons donc hardiment que cet ouvrage réclame sa part dans la célébrité dont jouit son auteur; et ne craignons pas de lui appliquer ce mot que les auteurs du *Gallia christiana* étendent à toutes les productions de cet incomparable écrivain : *Quis enim rerum nostrarum tam alienus,* etc. : « Est-il un homme assez étranger « à notre gloire littéraire, pour ne pas con-« noître, au moins par la renommée, tout ce « qui est sorti de cette plume qui donnoit à tout « l'immortalité (1)? »

On a prétendu que le latin de Bossuet étoit dur et embarrassé. S'il n'y avoit, en faveur de cette assertion, d'autre autorité que les noms de Faydit, du satirique abbé de Longuerue, elle ne seroit que méprisable. Mais l'abbé Trublet, mais l'abbé Ladvocat, l'ont dit (2), et ils ont trouvé des échos. Le latin de Bossuet dur, embarrassé! Ceux qui le disent ne l'ont pas lu. Ce n'est point, si l'on veut, la grace de Cicéron : c'est l'énergie de Salluste et de Tacite, avec plus de souplesse et d'abondance. Talbert a ré-

---

(1) *Gallia Christiana,* tom. VIII, col. 1658.
(2) Trublet, *Mélang. de morale et de littérat.,* IIe partie, p. 96. — Ladvocat, *Dict. biogr.*, à l'article *Bossuet.*

pondu à ce reproche: « C'est, en latin comme
« en françois, la même magnificence de style,
« l'effet étonnant et toujours inattendu d'ex-
« pressions qu'il crée, toujours cette sorte de
« poésie sublime qui respire dans chacune de
« ses compositions (1). »

---

(1) *Éloge de Bossuet*, pag. 71.

LETTRE PASTORALE,

ou

ÉPITRE DÉDICATOIRE

DE MONSEIGNEUR L'ÉVÊQUE DE MEAUX,

AU CHAPITRE ET AU CLERGÉ DE SON DIOCÈSE,
EN LEUR ADRESSANT SON OUVRAGE SUR LE LIVRE DES PSAUMES.

Jacques-Bénigne Bossuet, évêque de Meaux, à nos vénérables et très chers frères les doyen et chanoines de l'Église de Meaux, aux pasteurs des paroisses, aux communautés religieuses, et à tout le clergé du diocèse, salut dans le Seigneur.

Nous vous présentons, nos très chers frères, un nouvel aliment à votre sainte ferveur, dans ces notes que nous avons composées sur le livre des Psaumes, afin que, déjà accoutumés à chanter au Seigneur avec une décence et une régularité si édifiantes, vous appreniez de plus en plus à chanter avec goût, c'est-à-dire avec connoissance et sentiment. Ce qui vous recommande notre ouvrage, peu considérable d'ailleurs par son étendue, c'est l'avantage d'avoir été aidé dans notre travail par des hommes supérieurs, profondément versés dans les langues hébraïque, grecque et latine (1), dont les uns ont passé à une meilleure vie, les autres, nos contemporains, également distingués par une haute réputation de piété et de doctrine, remplissent au milieu de nous les fonctions épiscopales ou les emplois les plus importants. Appelés et retenus à la cour, les uns par diverses causes, moi, comme chacun sait, par les ordres de notre auguste monarque, qui a bien voulu m'attacher à l'éducation du jeune prince dont les vertus nous donnent de

---

(1) C'étoient, entre autres, l'évêque d'Avranches, Huet, attaché comme sous-précepteur à l'éducation du dauphin, de qui Bossuet avoit été nommé précepteur, en 1670, n'étant encore qu'évêque de Condom; Fénélon, l'abbé Fleury, Pélisson; Renaudot, si profondément versé dans les langues orientales; l'abbé de Longuerue lui-même, malgré l'âpreté de son caractère et la singularité de ses opinions. (Voy. Fontenelle, *éloge de Malezieu*, dans les Éloges des Académiciens, pages 163 et 334.)

si heureuses espérances, réunis par l'attrait des mêmes études et par le charme d'une amitié douce et du commerce le plus fidèle, nous nous sommes appliqués en commun à la lecture des livres saints (1), assurés que, dans le concours d'objets ou flatteurs ou incommodes qui se rencontrent à chaque pas dans la vie que nous menons, ces livres nous fourniroient une source féconde de consolations et de leçons, comme aussi de délices et d'avantages pour nos relations journalières et nos entretiens familiers. Pour cela, nous avons eu bien des volumes à parcourir : les voici réduits à quelques pages. Le résultat de notre travail est cet exposé de notre psautier, ou plutôt du vôtre, puisque moi-même je suis à vous. « Tout « est à vous, dit l'apôtre, soit Paul, soit Apollo « ou Céphas..... Oui, tout est à vous, et vous

---

(1) Les travaux de Bossuet sur l'Écriture sainte furent le résultat des conférences qui avoient eu lieu, tant à Saint-Germain qu'à Versailles, entre Bossuet et ses illustres amis. On donnoit à ces conférences, du vivant même du grand évêque, le nom de *concile*. (Voy. sa *Vie* par M. de Bausset, livre V, page 7 du tome II, édit. de Versailles, 1814.)

« à Jésus-Christ, et Jésus-Christ à Dieu (1). »
Accueillez donc, nos très chers frères, avec bienveillance, ce livre comme un bien qui vous appartient. Ce n'est point là de ces commentaires où l'auteur se livre à des spéculations profondes, trop relevées et pour la plupart stériles, mais proportionnés et réduits à une explication simple et littérale; où enfin nous avons cherché à être utiles plutôt qu'à étaler la pompe d'une ambitieuse érudition. Recevez-les, consultez-les avec un esprit d'indulgence et de droiture. Le ministère que nous remplissons dans l'Église de Dieu nous faisoit un devoir de servir non seulement les plus forts, mais les plus foibles d'entre vous. Recevez donc cet envoi en témoignage public de l'estime que nous faisons de vos personnes, de votre piété, de vos talents, et des travaux qui vous font nos coopérateurs. On verra aussi avec quelle touchante harmonie nous habitons tous ensemble la maison du Seigneur. Nous vous ferons parvenir successivement et sans interruption nos commentaires sur les prophètes, et sur tout l'ancien Testament (2), ce qui nous

---

(1) *I. Cor.* III, 22, 24.
(2) Les immenses occupations entre lesquelles Bos-

amènera, si la vie et nos bonnes résolutions
ne nous manquent pas, sous l'aide et la direction du Seigneur, aux livres du nouveau Testament. Du moins le plus ardent de nos desirs
est que la vieillesse et la mort nous trouvent
occupés de ces exercices utiles à la piété; fé-
conds, nous aimons à le reconnoître, en sentiments délicieux ; dignes enfin de tous les
vœux, et bien faits pour nous mériter le secours
de vos prières, si vous avez quelque charité

---

suet partageoit son temps ne lui permirent pas de recueillir dans un seul corps d'ouvrage les notes qu'il
avoit faites sur toutes les parties de l'Écriture, et dont
un grand nombre existe à la marge de son exemplaire
de la Bible de Vitré. Les seuls ouvrages qu'il ait publiés, tant sur l'ancien que sur le nouveau Testament,
sont le commentaire sur les Psaumes, précédé de la
Dissertation préliminaire que nous traduisons; des
notes sur les cantiques de l'ancien et du nouveau Testament; un commentaire sur les livres de Salomon, à
savoir les Proverbes, le Cantique des Cantiques, la Sagesse, l'Ecclésiastique; un supplément au commentaire
sur les Psaumes, en réponse à Grotius qui s'efforçoit
d'affoiblir l'autorité des prophéties en général, et sur-
tout de celles qui sont annoncées dans les Psaumes;
l'explication de la prophétie d'Isaïe, *Ecce virgo concipiet*;
l'exposition du psaume XXI; les Méditations sur l'Évangile; le commentaire sur l'Apocalypse, et la Politique
tirée de l'Écriture sainte.

pour nous, ainsi que nous l'espérons et que nous vous le demandons (1).

Donné à Meaux, le 8 juin 1690.

---

(1) M. de Bausset remarque avec raison que « cette « épitre dédicatoire respire l'onction la plus douce et « la plus pieuse. » (*Vie de Boss.*, tom. II, pag. 10.)

DISSERTATION
PRÉLIMINAIRE
SUR LES PSAUMES.

Avant d'entrer dans l'examen de chaque psaume en particulier, voulant donner à notre explication un cours plus rapide, et qui ne soit traversé par aucune question étrangère, nous avons cru devoir proposer aux méditations et à la piété du lecteur ces réflexions, propres à ouvrir la voie à l'intelligence et à résoudre les difficultés qui pourront se rencontrer dans les diverses parties de tout l'ouvrage.

CHAPITRE PREMIER. De l'esprit et de l'objet des Psaumes.
CHAP. II. De la majesté et de l'onction des Psaumes.
CHAP. III. Des différentes sortes de psaumes.
CHAP. IV. Du sens profond et de l'obscurité des Psaumes.
CHAP. V. Du texte et des versions.

Chap. VI. Des titres et autres notes, des arguments, des auteurs et de l'ordre des Psaumes, des chœurs et des danses religieuses, du rhythme des Psaumes.

Chap. VII. De la méthode pour lire et entendre les Psaumes.

Chap. VIII. De l'usage à faire des Psaumes dans toutes les circonstances de la vie.

CHAPITRE PREMIER.

De l'esprit et de l'objet des Psaumes.

I. Vertu de la poésie : psaumes chantés dans les assemblées religieuses.

L'Écriture tout entière a été inspirée d'en haut : elle réunit les qualités que saint Paul retrace dans ces paroles : « Qu'elle est utile « pour instruire de la vérité, pour réfuter les « erreurs, pour corriger le déréglement des « mœurs, et pour former à la justice, afin que « l'homme soit parfait, étant bien préparé à « toutes sortes de bonnes œuvres (1). » Or le

---

(1) II. *Timoth.* III, 16, 17, de la traduct. de Sacy.

livre des Psaumes embrasse tous ces avantages, et de plus il est éminemment pourvu d'une énergie toute particulière et merveilleuse dont l'effet est de transporter vers Dieu toutes les affections humaines, et d'élever, par la puissance de la poésie la plus harmonieuse et la plus savante, l'ame que le poids des sens dont elle est enveloppée fait tomber dans la langueur et l'abattement.

Le livre des Psaumes, pour remonter à l'origine, est le recueil le plus ancien qui existe au monde des hymnes et odes de l'antiquité la plus reculée, que le peuple hébreu chantoit en public ou dans le particulier, dans le temple et les cérémonies religieuses comme dans les assemblées solennelles, pour célébrer les louanges divines, la vérité et la sainteté de la loi que Dieu lui avoit donnée, les évènements dont se composoit l'histoire des patriarches, et les bienfaits du Seigneur.

On compte divers auteurs de ces cantiques sacrés, comme nous le dirons plus bas (1); mais ce qu'il y a de certain, c'est que la plus grande partie fut l'ouvrage du saint roi David (2), puisque, à une époque ancienne, et

---

(1) Au chap. VI. — (2) Saint Augustin regarde comme

du vivant même de ce prince, nous voyons ces cantiques qu'il avoit faits introduits dans les assemblées de religion. David, chantant les louanges du Seigneur, ne se détachoit point de son peuple; mais, s'abandonnant à ses divins transports, il entraînoit les autres par le saint enthousiasme qui le dominoit lui-même, quand il disoit: « Glorifiez le Seigneur avec moi, et « célébrons tous ensemble son saint nom (1) »; et encore ces paroles par lesquelles nous commençons tous les jours l'office de matines: « Ve- « nez, chantons avec de saints transports à la « gloire du Seigneur; poussons des cris de joie « vers le Dieu notre Sauveur (2). » Quand nous

---

la plus probable de toutes, l'opinion qui donne à David le psautier tout entier dans les cent cinquante psaumes qui le composent: *Mihi autem credibilius videntur existimare qui omnes illos centum et quinquaginta psalmos ejus operi tribuunt.* (De civit. Dei, lib. XVII, cap. XIV.) Il ne se met point en peine d'expliquer pourquoi il s'y rencontre d'autres noms, ni comment David auroit pu composer les psaumes relatifs à des événements qui ne sont arrivés que bien long-temps après lui.(*ibid.*) Nous verrons comment on répond à cette apparente difficulté.

Saint Jérôme ne partage pas le sentiment de saint Augustin; et Bossuet a préféré l'opinion du dernier. (Voy. ci-dessous, chap. VI, n. 30.)

(1) *Ps.* XXXIII, 4. — (2) *Ps.* XXXIV, 1.

répondons par ces chants à la voix du prophète David, que faisons-nous autre chose que nous unir spirituellement aux anciens chœurs des pieux Israélites?

II. Soins donnés par David au chant et à la musique sacrée.

Au reste, que ce prince religieux se soit occupé particulièrement du soin de faire chanter des hymnes dans le temple en présence de l'arche, nous en avons la preuve dans l'Histoire sainte: « Il établit des lévites pour servir de« vant l'arche du Seigneur, pour le glorifier et « lui rendre de continuelles actions de graces « de toutes ses merveilles, et pour chanter les « louanges du Seigneur, le Dieu d'Israël (1). » Or le psaume qui fut chanté, selon le témoignage du texte sacré, en commémoration des œuvres et des bienfaits du Seigneur, c'étoit David lui-même qui l'avoit composé. Nul doute que beaucoup d'autres n'aient été les fruits de l'inspiration divine dont il étoit animé. De là cette entière confiance avec laquelle vous l'entendez s'exprimer dans ces termes: « Voici ce « que dit David, fils d'Isaï, ce chantre célèbre

---

(1) *I. Paralip.* XVI, 4, 8, et XV, 16.

« d'Israël : L'esprit du Seigneur a passé par « ma bouche, et sa parole s'est reposée sur ma « langue (1) » : ce qui ne peut avoir été dit que des Psaumes, puisqu'il n'est fait mention d'aucun autre ouvrage de David. Sous le règne de Salomon, après l'inauguration du temple, nous voyons les lévites chanter les hymnes du Seigneur, « composés, dit le texte sacré, par « le roi David, en l'honneur du Seigneur » ; ailleurs : « les hymnes de David, en s'accompa- « gnant sur les instruments (2) » ordonnés par ce prince, et non seulement ordonnés, mais inventés et ornés par lui-même, ainsi que l'observe le texte sacré. D'après ce cérémonial, Ézéchias commande aux lévites « de chanter les « louanges du Seigneur, en y employant les « paroles de David et du prophète Asaph (3) » : ce qui donne lieu à cette judicieuse observation de l'historien, que les lévites se rangèrent dans le temple, « tenant à la main les instru- « ments de David » ; et avec encore plus de précision, « qu'au milieu même de l'holocauste » ils chantèrent les louanges du Seigneur, accompagnés « du son des trompettes et des di-

---

(1) *II. Reg.* XXXIII, 1. — (2) *II. Paral.* VII, 6; *I. Par.* XXXIII, 5. — (3) *II. Par.* XXIX, 30.

« verses sortes d'instruments que David, roi
« d'Israël, avoit inventés (1) » : tant ce religieux
monarque s'intéressoit aux chants; tant il avoit
d'amour pour la musique consacrée aux louanges du Seigneur.

Les Israélites, de retour dans leur patrie,
après y avoir rétabli le temple, conservèrent
les mêmes instruments de musique, dus au
zèle de David, et les hymnes du même David,
qu'ils chantoient à deux chœurs (2), près de
cinq cents années depuis la mort du saint roi;
en sorte qu'après tant de siécles, non seulement les paroles sacrées sorties de sa bouche,
mais jusques aux cithares, aux nables (3), et
autres instruments touchés par ses mains, retentissoient encore dans les assemblées de religion : circonstances que nous rappelons, pour
établir cette vérité incontestable, que David
avoit reçu le privilége spécial d'une inspiration divine, à l'effet de propager jusqu'à des

---

(1) *II. Paral.* XXIX, 26, 27. — (2) *Duobus choris constitutis.* Lowth : *In duos choros divisi, psalmum per singulas strophas invicem canebant.* (*De sacrá Hebræor. poesi Prælect.* XIX, pag. 359.) *Qui mos ab ecclesiá judaicá ad christianam derivatus est.* (Bingham., *Antiquit. eccles.*, lib. XIV, cap. 1.) — (3) *I. Esd.* III, 10, 11; *Nehem.* XII, 35, 39.

temps si éloignés, non seulement les sacrés cantiques, mais jusqu'au mode des chants et l'usage des Psaumes. Je ne dis rien des siècles suivants : car tout le monde sait que, Juifs et Chrétiens, tous ont introduit dans leurs prières les Psaumes de David (1); et que, non seulement les villes et les campagnes, mais les déserts et les solitudes les plus profondes qui les ont entendus, ont été arrosés des pieuses larmes que leur onction secrète arrache aux hommes même les plus farouches.

III. *Appuis que la foi trouve dans les Psaumes: d'abord le récit des événements passés, ensuite l'histoire des temps présents.*

Et certes avec raison; car puisque, selon le témoignage de S. Augustin, « Dieu ne nous ap-
« prend point d'autre cantique que celui de la

---

(1) « Ces chants sacrés, qui depuis trois mille ans ont
« été répétés par tant de générations dans tant de lan-
« gues différentes, et qui se répètent encore chaque jour
« dans toutes les parties de la terre, seront toujours la
« plus sublime expression de la reconnoissance des créa-
« tures pour leur auteur, et ils semblent avoir reçu une
« durée éternelle du nom même de l'Éternel à qui ils
« sont consacrés. » (M. de Bausset, *Vie de Bossuet*, t. II.,
pag. 9, 10.)

« foi, de l'espérance et de la charité (1), » rien de plus utile que les Psaumes, pour fortifier la foi, animer l'essor de l'espérance, et allumer les feux de la charité.

Pour la foi d'abord, tels sont les appuis qui la soutiennent: c'est premièrement le souvenir que les Psaumes retracent des bienfaits et des prodiges du Seigneur, depuis que, prenant en pitié les hommes plongés dans l'ignorance, et attachés, pour la plupart, au culte des idoles, il eut contracté une alliance particulière avec Abraham, le père de notre foi, et daigné se faire lui-même personnellement le pasteur et le roi de sa famille, germe déja fécond d'un grand peuple; en conséquence de quoi, l'ayant délivré de la servitude d'Égypte, lui ayant donné sa loi par l'intermédiaire de Moïse, ayant assuré sa constitution, se l'étant consacré par un culte et par les cérémonies les plus saintes et les plus inviolables, après avoir ratifié et étendu la première alliance, il le fit entrer dans la terre de Chanaan, qui lui avoit été promise par les anciens oracles, se déclarant le Dieu d'Abraham, d'Isaac et de Ja-

---

(1) *Enarr. in Ps.* XCI, n. 1, tom. IV, part. II, edit. Benedict.

cob, aussi bien que le créateur du ciel et de la terre, honoré par les enfants d'Abraham.

Dans la suite des siècles, il suscita David, le faisant roi, de pasteur qu'il étoit, prince non moins distingué par sa piété et sa clémence que par son courage et ses victoires, voulant que sous sa conduite les descendants d'Abraham reculassent au loin les bornes de leur royaume, et que, les Jébuséens étant chassés par eux de Jérusalem, cette ville célèbre, et Sion, notre mère, habitée par un peuple honoré du nom de peuple de Dieu, devînt la première des cités, la dépositaire de la religion et des lois, le centre de l'empire et du sacerdoce. Ce n'est pas tout : ce même David, le modèle des rois, il se plaît à le remplir, ainsi que nous l'avons dit plus haut, d'une inspiration surnaturelle, pour en faire le prophète, le poëte et le chantre d'Israël, tout à-la-fois aussi habile dans la conduite des choses que dans l'art de les célébrer ; et c'est de lui sur-tout que nous vient ce livre des Psaumes, où son génie, pénétré d'un enthousiasme sublime et vraiment divin, a transmis à la mémoire des âges les plus reculés l'histoire de ses ancêtres et la sienne, ou plutôt l'histoire de Dieu lui-même.

IV. Antiquité de la poésie et des cantiques chez tous les peuples. Exemple de Moïse et autres.

On retrouve chez tous les peuples l'usage immémorial, et qui tient à une source divine, de célébrer par des cantiques leurs actions et celles de leurs ancêtres (1). L'oreille, flattée par le charme de la cadence et l'harmonie du chant, les porte bien mieux à l'ame et à la mémoire, où elles s'impriment plus profondément (2). Le premier exemple que leurs annales en aient conservé est celui de Moïse. Après les deux actions mémorables où, par l'assistance divine, il fit passer la mer Rouge au peuple d'Israël, et

---

(1) Voy. le même Bossuet, *Disc. sur l'hist. univ.* IIe part. chap. 3.

(2) L'origine en remonte à l'enfance même du monde. Jubal, l'un des premiers fils de Caïn, est nommé dans la Genèse, *pater canentium citharâ et organo* (IV, 21): expression qui prouve l'alliance intime de la poésie et de la musique. Mais il ne nous est rien resté de ces cantiques préexistants à Moïse, à la réserve des paroles de Lamech (*ibid.* vers. 23). Sur quoi l'on peut voir les commentateurs, et sur-tout l'ouvrage italien de Saverio Mattei, qui donne une solution plus satisfaisante de ce verset qu'aucun autre. (*I libri poetic. della Bibbia*, tradotti d'all' ebraico origin., t. I, cap. V, n. 7, pag. 103. Napoli 1773.)

lui donna ses saintes lois après l'avoir sauvé de ses ennemis, il célébra l'un et l'autre de ces évènements par ces deux cantiques dont il est l'auteur: le premier: « Chantons au Seigneur, « parcequ'il a fait éclater sa gloire avec magni- « ficence; il a précipité dans la mer le cheval « et le cavalier, etc. (1), » chanté au moment où l'armée ennemie, ensevelie sous les ondes, étoit encore devant les yeux des Israélites, et où les corps sans vie rouloient pêle-mêle au gré des flots de la mer: le second, chanté sur son lit de mort, et dans lequel il n'y a pas moins d'élévation: « Écoutez, ô cieux, les pa- « roles de ma bouche, etc. (2), » afin d'inculquer dans les cœurs les préceptes de la loi confirmée par tant de miracles.

C'est à la même source que remontent les cantiques dont les commencements se lisent dans le livre des Nombres (3). Nous voyons jusqu'à de pieuses femmes partager cet esprit qui inspire les saints cantiques et les prophéties. Par exemple Débora (4) nous met sous les yeux le superbe Sisara succombant sous la main d'une femme, les ennemis en déroute, les

---

(1) *Exod.* XV, 1. — (2) *Deut.* XXXII, 1. — (3) *Num.* XXI, 17, 27. — (4) *Jud.* V.

chars fracassés : elle transmet aux âges à venir la mémoire du triomphe remporté non par les mains d'un homme, mais par celles du Tout-Puissant. On connoît encore le cantique d'Anne, l'illustre mère de Samuel (1), à l'occasion de la naissance de son fils : c'est le même caractère de magnificence et d'enthousiasme. La Grèce a beau vanter sa fameuse Lesbienne, nous avons à lui opposer d'autres Saphos, dont la voix n'a point été l'organe de coupables amours, mais n'a exprimé que les sentiments les plus chastes et les plus tendres envers le Seigneur. Animé par ces modèles et plein du même esprit, David a consigné dans les poëmes les plus éloquents et les plus harmonieux, chantés sur sa lyre ou sur sa harpe, les bienfaits par lesquels Dieu avoit signalé sa protection sur lui, ou les entreprises qu'il avoit confiées à ses armes : autant supérieur à Alcée, à Pindare, à Horace, par la douceur et la pompe majestueuse de son style, qu'il l'emporte sur eux par la dignité et l'éclat des sujets qu'il traite (2).

---

(1) *I. Reg.* II.
(2) *David Simonides noster, Pindarus et Alcæus, Flaccus quoque, Catullus et Serenus.* (S. Hieron., *epist.* L, *ad Paul.*, pag. 473, edit. Martyan.) « Homère, Virgile, si
« justement renommés comme auteurs profanes, ne sau-

Après David, vient Ézéchias digne successeur d'un tel roi, digne héritier d'un tel père(1); puis Isaïe (2), Jonas (3), Habacuc (4), poëtes historiens, qui ont perpétué par leurs chants, et marqué par un ordre successif, les merveilles opérées de leur temps. Afin de compléter cette partie de notre ouvrage, nous citons ici leurs cantiques que nous rapportons textuellement à la suite des Psaumes.

V. Les événements des temps passés rappelés dans les Psaumes.

Arrêtons-nous un moment pour féliciter le peuple hébreu d'avoir eu pour historien un écrivain tel que Moïse, son législateur et son chef; pour poëtes, des rois qui lui ont composé des odes, des drames, des idylles, des

---

« roient soutenir le parallèle avec l'Écriture dans les en-« droits même où ils excellent. » (Le Franc de Pompig. *Disc. prélim. des odes sacr.*) Le docteur Lowth, après avoir traité, dans trois chapitres admirables, de la sublimité du langage des livres saints, conclut ainsi : *Rerum ipsarum et conceptuum magnitudinem quod attinet, non modò cæteros omnes scriptores post se relinquunt, sed et cancellos etiam humano ingenio circumscriptos longè transcendunt.* (*Prælect.* XVII, pag. 305.)

(1) *Is.* XXXVIII, 10. — (2) *Ibid.* XII. — (3) *Jon.* II. — (4) *Habac.* III.

pastorales, des préceptes pour la conduite des mœurs, exprimés en vers; enfin d'avoir trouvé dans un David, dans un Salomon, monarques si renommés, leur Simonide, leur Théocrite, leur Théognis, et leur Phocilide. Ces beaux génies ont réalisé ce vœu que Platon énonçoit si long-temps après eux, que la poésie, ce langage du ciel, ce style tout divin, fût employé exclusivement à l'éloge de la Divinité ou des hommes qui lui ressemblent. En effet, David, notre Pindare, et nos autres lyriques, n'ont point pris pour sujets de leurs chants les courses des jeux olympiques ou de futiles combats, mais les épreuves de la foi des Abraham, des Isaac, et des Jacob; les prédictions et les songes heureux d'un Joseph; les plaies de l'Égypte, les vengeances du Seigneur, les combats livrés sous son commandement; les marches d'un peuple entier, fugitif, errant dans le désert; ses révoltes, ses crimes, et ses châtiments; ses merveilleux succès au milieu des ennemis et des dangers qui l'entourent; la loi promulguée sur le mont Sinaï dès les premiers jours de sa fuite, et sous les yeux de Dieu lui-même qui se montre dans tout l'éclat de sa majesté; enfin toute l'histoire écrite par Moïse, sans oublier la chute de Moïse lui-même chancelant

dans sa foi, et les évènements qui en ont été la suite. Tels sont les sujets de ces poëmes, où les auteurs qui les transmettent à la postérité conservent jusqu'aux expressions mêmes de Moïse. En effet nous lisons dans le livre des Nombres ces paroles qui se retrouvent dans celui des Psaumes : « Ils avoient encore la bouche rem-
« plie de viande lorsque la fureur du Seigneur
« s'alluma contre eux (1). » David, introduisant l'arche d'alliance dans la citadelle de Sion, répétoit ces paroles qui se trouvent au premier livre des Nombres : « Au départ de l'arche,
« Moïse disoit : Levez-vous, Seigneur, que vos
« ennemis soient dissipés ; que ceux qui vous
« haïssent fuient devant vous (2) : » paroles que le saint prophète avoit bien manifestement en vue, quand il a dit dans une semblable circonstance : « Que Dieu se lève et que ses ennemis
« soient dissipés (3), » et ce qui suit dans les mêmes termes que Moïse. De même encore pour le commandement fait à Aaron et à ses fils de bénir le peuple en ces termes : « Que le
« Seigneur vous bénisse, ô Israël, et qu'il vous
« prenne en sa garde ; que le Seigneur fasse

---

(1) *Ps.* LXXVII, 30, 31. *Num.* XI, 33. — (2) *Num.* X, 35. — (3) *Ps.* LXVII, 2.

« luire sur vous la lumière de son visage, et
« qu'il exerce envers vous sa miséricorde(1) : »
ce que David a transporté dans le psaume où
il dit : « Que le Seigneur exerce sur nous sa mi-
« séricorde, qu'il nous bénisse, qu'il fasse luire
« sur nous la lumière de son visage, et qu'il ré-
« pande sur nous sa miséricorde(2). » Et lorsque, dans ces sortes de solennités ou d'autres
pareilles, on rappeloit soit des passages tirés
des livres de Moïse, soit des institutions an-
tiques remontant jusqu'à lui, on ne faisoit que
représenter Moïse, ou les actions du saint législateur, et les remettre sous les yeux, pour
garantir l'authenticité des anciennes histoires.

Sans compter les autres témoignages rendus
par le même esprit à la vérité de l'histoire des
temps les plus reculés, le psalmiste n'a eu garde
d'oublier les faits par où Moïse commence son
récit, savoir la création de l'univers formé non
à l'aide d'un instrument et des doigts, non
d'une matière préexistante et façonnée laborieusement, non enfin par le concours et le frot-
tement des atomes, mais d'un seul jet, par la volonté de Dieu; à sa seule parole, le ciel et les
astres, la terre et la mer soumis à l'ordre qui

---

(1) *Num.* VI, 24, 25. — (2) *Ps.* LXVI, 2.

les enchaîne. Ensuite Moïse nous présente ces admirables détails des faits dont se compose l'histoire d'Abraham, des patriarches, de sa personne, de tout le peuple hébreu, pour attester que le même Dieu, auteur de tant de prodiges, n'est pas un autre que celui dont la parole et le simple commandement, sans avoir besoin d'aucun emprunt, a fait jaillir du néant le monde tout entier (1). Fidèle à ces principes, David proclame en cent endroits le même Dieu à qui il a suffi *d'envoyer sa parole*, d'émettre un seul mot pour opérer tant et de si grandes merveilles, en soumettant tout sous ses lois. Ainsi nous le fait-il voir *étendant le ciel comme un pavillon, couvrant d'eaux sa partie la plus élevée* (2). Il faudroit être aveugle pour ne pas voir ici une allusion à ce texte de la Genèse : « Que le fir- « mament s'étende au milieu des eaux, et qu'il « sépare les eaux d'avec les eaux (3). » Même rapport entre ces versets du même Psaume : « Il a fondé la terre sur ses bases ; elle ne sera « jamais ébranlée : il l'a couverte de l'abyme « comme d'un manteau (4). » Et encore : « Les

---

(1) Voyez le même Bossuet, *Discours sur l'histoire universelle*, II⁰ part., pag. 162, édit. in-4°, Paris 1681. — (2) *Ps.* CIII, 2, 3. — (3) *Gen.* I, 6. — (4) *Ps.* CIII, 6.

« montagnes s'élèvent, et les vallées s'abaissent
« pour occuper le lieu que vous leur avez pré-
« paré : vous avez marqué aux eaux les bornes
« qu'elles ne doivent point passer, afin qu'elles
« ne reviennent plus pour inonder la terre (1). »
Ailleurs plus clairement et dans un style pom-
peux : « C'est par la parole du Seigneur que les
« cieux ont été créés : toute leur armée a été
« formée par le souffle de sa bouche ; il a as-
« semblé comme dans un vase les eaux de la
« mer, et a enfermé les abymes dans ses tré-
« sors (2). » David n'y répète-t-il pas ce que
Moïse avoit dit : « Que les eaux de dessous le
« ciel se rassemblent en un seul lieu (3) ? » Ne
nous ramène-t-il pas comme lui au principe
de toutes choses, quand il dit : « Il a parlé, et
« tout a été fait ; il a commandé, et tout a été
« créé ; » ajoutant par forme de corollaire :
« Il les a tous établis pour durer dans tous les
« siècles ; il en a donné l'ordre qui sera immua-
« ble (4). » Le moyen donc de nier que David,
instruit à l'école de Moïse, rappelle tout à ce
commencement ? Ajoutez que l'ode ou psaume,
celui de tous les poëmes qui veut le plus de

---

(1) *Ps.* CIII, 5, 9. — (2) *Ibid.* XXXII, 6, 7. — (3) *Gen.*
I, 9. — (4) *Ps.* CXLVIII, 5, 6.

science, fait de continuelles applications, non seulement de l'histoire des temps antérieurs ou modernes, mais de la liturgie, des sacrifices, et des pratiques observées par les ancêtres. Or qui ne sait que chez les Hébreux, le corps de leurs lois, de leurs mœurs, de leurs usages religieux, étoit si étroitement lié à leur histoire, qu'il est impossible de les détacher respectivement l'un de l'autre? Il n'auroit donc pas été possible que David exposât dans ses cantiques tant de particularités, et l'histoire de l'antiquité tout entière, à partir de la Genèse et de la naissance du monde, qu'il les fît chanter aux Hébreux comme autant de faits de notoriété publique, s'ils n'avoient eu dans les mains et bien présente à la mémoire cette même histoire telle que Moïse l'a consignée dans les livres dont nous sommes encore aujourd'hui les dépositaires.

VI. Réfutation, par les témoignages du livre des Psaumes, de ceux qui attribuent le Pentateuque à Esdras ou autres écrivains que Moïse.

Comment ne point s'étonner après cela de l'opinion étrange de certains écrivains, qui attribuent à des auteurs d'un âge plus moderne les livres connus de tout temps et publiés sous le nom de Moïse (1)? Les uns nous parlent d'Esdras; d'autres, abandonnant ce système insoutenable, s'arrêtent à une époque plus reculée, vers le temps de Salmanazar : c'est là le rêve de quelques théologiens de Hollande, qui s'isolent ainsi de tous les témoignages de l'histoire et de la tradition (2); chrétiens, à les en croire, qui s'imaginent être quittes envers Jésus-Christ, quand ils en laissent échapper le nom, quand ils ne tiennent aucun compte des preuves alléguées par Jésus-Christ, et revêtues de son sceau ; hommes inconséquents, qui s'embarrassent peu de tout bouleverser, pourvu qu'ils paroissent plus savants ou plus subtils que les autres, et qu'ils se jouent, sans mesure et sans retenue, sur les matières les plus graves. Pour

---

(1) Voy. Abbadie, *Traité de la vérité de la relig. chrét.* 1re part., sect. III, chap. VII et suiv., en réponse aux objections de Spinosa; — du Voisin, *De l'autorité des livres de Moïse* — le *Disc. sur l'hist. univ.* IIe part. — Hoock, *Antiquit. Pentat.; Relig. revelatæ principia*, t. II, pag. 3 et suiv. — Bullet, *Réflex. crit.*, t. I, pag. 73 ; — Feller, *Catéc. philos.*, p. 294. — Warburton, etc. Natal. Alexand. *Hist. eccles.* tom. II, *dissert.* IX, *de libris Moysis*, pag. 1 et seq.

(2) Leclerc, Richard Simon. Voy. le nouv. dict. de Feller, art. *Jean Leclerc*, et *Vie de Bossuet*, par M. de Bausset, liv. XII, tom. IV, pag. 274, 313.

les réfuter, il n'est pas besoin de les accabler du poids de tant d'écrivains, de tant de prophètes, de la constitution entière de la république des Hébreux, intimement liée à l'histoire et aux livres de Moïse: il suffit du seul témoignage que nous fournissent l'antiquité du roi David et la longue prescription du chant des Psaumes parmi les Hébreux. Ce qui le confirme encore, ce sont les autres cantiques qui se trouvent compris dans le livre des Psaumes. Vous y voyez Salomon, après la dédicace du temple (1), rappeler les dessins du temple le plus saint, le plus magnifique qu'il y eût au monde, tels qu'ils avoient été ordonnés par David son père : d'autres, célébrer divers traits de la vie des pieux monarques, retracer les désastres et la captivité du peuple juif, l'exécution des menaces faites par Moïse contre ceux qui mépriseroient ses ordonnances. Ethan Ezraïte (2) chante la parole donnée à David et à sa postérité d'une longue domination, pour se plaindre qu'elle ait été si promptement éclipsée; et, par ses pieux accents, sollicite le retour des promesses divines. En un mot, les événements qui avoient précédé l'érection du temple, ou

---

(1) *Ps.* CXXXI. — (2) *Ibid.* LXXXVIII, 20 et suiv.

qui ont accompagné les époques de sa splendeur, de sa chute et de son rétablissement, nous les chantons dans leurs circonstances, dans l'ordre successif des temps: en sorte que, transportés dans nos pensées à ces distances reculées, nous en devenons les contemporains; nous nous mêlons à ces chœurs sacrés pour chanter Jésus-Christ sur la harpe des David et des autres poëtes inspirés.

VII. Fondement de notre foi et de notre espérance dans les prédictions de David au sujet de Jésus-Christ.

Tel est, en effet, le grand motif de notre foi, qui nous est présenté dans les Psaumes; c'est d'y voir l'avènement de Jésus-Christ annoncé par les oracles qu'ils renferment. Plus anciennement, Abraham et Moïse avoient laissé échapper les premiers rayons du futur avènement du Messie. David paroit intermédiairement chargé de retracer les anciens témoignages, et d'en faire voir de nouveaux dans sa personne, chargé sur-tout de prédire ce qui ne devoit arriver que long-temps après. Économie pleine de sagesse! Parceque Jésus-Christ, issu du sang de David, en devoit être appelé le fils, vous voyez David appelé au trône, comme préludant à la royauté de Jésus-Christ;

son fils Salomon n'est appelé roi pacifique que parcequ'il devoit être l'image de Jésus-Christ, prince de la paix. Voilà pourquoi vous retrouvez dans la vie de David toutes les actions de la vie de Jésus-Christ. Il chante et la génération éternelle de ce Fils du Très-Haut qu'il voit enfanté avant l'aurore, et sa naissance temporelle; son règne, son sacerdoce, sa gloire et ses ignominies; les ligues et les conjurations des Juifs et des Gentils; jusqu'à l'instrument de sa mort, sa résurrection, son ascension, ses conquêtes (1); tous les peuples soumis à la foi d'Abraham, et bénis dans le Christ issu de son sang; son Église devenue une grande assemblée, répandue par tout le monde (2); et les hommes, après un si long oubli de la Divinité, affranchis enfin, et ramenés à la dignité de leur origine. Point de témoignage invoqué plus souvent par Jésus-Christ, en faveur de sa mission, que le livre des Psaumes. Il s'appelle fils de David, le Seigneur de David; et cela, d'après l'aveu de David lui-même (3). Jusque sur la croix, c'est par l'application d'un psaume de

---

(1) *Ps.* CIX, II, XXI, XLVI, LXVII, LXVIII, LXXI, XV, etc. — (2) *Ibid.* XXI, 26, 28. — (3) *Matth.* XXII, 42, 43, 44. *Ps.* CIX, 1.

David (1) qu'il proclame son sacrifice et se fait reconnoître pour la victime de propitiation du genre humain; que, pour accomplir l'oracle de David, il appelle ce fiel et ce vinaigre dont il doit être abreuvé dans sa soif (2). Où seroit donc le cœur assez engourdi pour n'être pas touché d'aussi puissantes démonstrations? Qui pourroit n'être pas pénétré de la plus vive foi en chantant ces divins cantiques, miroir du passé, histoire du présent, prophétie de l'avenir? Et en voyant cette foule de merveilleuses prédictions, faites si long-temps auparavant sur Jésus-Christ et son Église, accomplies à la lettre, qui est-ce qui n'embrasse pas dans son espérance les récompenses futures, terme heureux où viennent aboutir, pour la fin des temps, les promesses divines?

VIII. Les Psaumes excitent l'espérance : le bonheur de la vie future y est représenté sous des figures.

Et c'est là la grande espérance que nous donne en second lieu le chant des Psaumes. A quoi peut aspirer l'ame appuyée sur la foi de la bonté et de la puissance divine, sinon aux biens

---

(1) *Matth.* XXVII. *Ps.* XXI, 1. — (2) *Joan.* XIX, 18. *Ps.* LXVIII, 22.

célestes et immortels? Ce qui faisoit dire au saint roi David : « Dieu de mon cœur, Dieu « qui êtes mon espérance pour l'éternité (1)! » Et encore : « Heureux! ô mon Dieu, ceux qui « habitent votre maison, ils vous loueront dans « les siècles des siècles (2).... Ils seront enivrés « de l'abondance qui est dans votre maison, et « vous les ferez boire au torrent de vos dé- « lices (3); » car assurément cette surabondance de voluptés saintes, puisées au sein de Dieu, ce n'est pas pour la fragilité et l'indigence de cette vie mortelle qu'elle est faite.

Nous convenons sans difficulté que la félicité à venir n'est pas exprimée dans les écrits de Moïse et de David d'une manière claire et distincte : elle n'y est que crayonnée, enveloppée sous le voile des figures, suivant l'économie de l'ancien Testament (4). De même, en effet, qu'Abraham, ainsi que l'explique S. Paul dans son Épître aux Hébreux, durant le séjour qu'il fit dans la terre promise, comme dans une terre de passage, avec Isaac et Jacob, *héritiers comme lui de la promesse* (5), se bornoit à s'y faire

---

(1) *Ps.* LXXII, 26. — (2) *Ibid.* XXXIII, 5. — (3) *Ibid.* XXXV, 9. — (4) Voy. le *Disc. sur l'hist. univ.* IIe part., p. 290, 292, édit. in-4°, Paris 1681. — (5) *Heb.* XI.

des tentes pour y loger, ne s'y regardant que comme étranger, attendant sous cette figure la patrie céleste et la cité permanente que Dieu a préparée : ainsi notre saint roi s'occupant à mettre, par la force de ses armes, le peuple de Dieu en possession d'une nouvelle terre promise, bâtissant Jérusalem, appelant de toutes les puissances de son ame le jour où il verra le sanctuaire et ses pompeuses solennités, quel est l'objet de sa pensée, si ce n'est Jésus-Christ, et ces tabernacles éternels que Jésus-Christ seul peut ouvrir, que la main des hommes n'a point faits, et la bienheureuse société des saints dans le ciel?

On ne doit pas être arrêté par ces paroles qu'on rencontre dans les Psaumes ou ailleurs : « Ce ne sont pas les morts qui vous loueront, « ô mon Dieu... Il n'y a personne qui se sou- « vienne de vous dans la mort, et qui est celui « qui vous louera dans l'enfer(1)?... L'ame de « l'homme étant sortie de son corps, il retour- « nera dans la terre d'où il est sorti; et ce jour-là « même toutes ses vaines pensées périront(2)... « Est-ce qu'une poussière vous pourra louer, « ou publiera-t-elle votre vérité(3)? » Et dans le

---

(1) *Ps.* CXIII, 17. — (2) *Ib.* CXLV, 4. — (3) *Ib.* XXIX, 9.

psaume LXXXVII, quel qu'en soit l'auteur : « Quelqu'un racontera-t-il dans le sépulcre vo- « tre miséricorde? vos merveilles seront-elles « connues dans les ténèbres de la mort, et votre « justice dans la terre de l'oubli (1) ? » paroles qui ne laissent à l'homme après la mort ni chants, ni louanges du Seigneur, ni souvenir, ni pensées. Bien plus, ces morts ne sembleroient-ils pas être devenus étrangers au domaine de Dieu, et rejetés absolument de sa juridiction, c'est-à-dire retombés dans le néant? puisqu'on lit dans le même psaume : « Comme ceux qui « ayant été blessés à mort dorment dans les sépul- « cres, dont vous ne vous souvenez plus, et qui « ont été rejetés de votre main : » ce qui se fait bien mieux sentir encore par ce contraste : « Mais nous qui sommes vivants, nous bénis- « sons le Seigneur... Je serai agréable au Sei- « gneur dans la terre des vivants (2) : » toutes paroles qui sembleroient indiquer qu'il appartient seulement à la vie présente de chanter les louanges du Seigneur, de lui plaire, et d'espérer en lui.

---

(1) *Ps.* LXXXVII, 11, 12. — (2) *Ps.* CXIII, 18, CXIV, 9.

IX. Explication de ces textes d'où résulte l'espérance des biens futurs.

Ne perdons point de vue la condition des hommes d'alors. Elle étoit bien loin de briller de tout son éclat cette lumière céleste dont les rayons nous éclairent sur la vie future, puisque, comme parle l'Apôtre, « la voie des « saints n'avoit pas encore été découverte (1). » C'étoit à l'Évangile et à Jésus-Christ qu'il étoit réservé de dévoiler les secrets du ciel pour la plénitude des temps. Un peuple tout charnel ne pouvoit s'élever de lui-même à l'état des ames après la mort, et à ces chastes et spirituelles délices qui surpassent les impressions des sens. Il falloit, par conséquent, lui en présenter l'ébauche dans les réunions et les fêtes qu'il avoit sous les yeux, et flatter ses sens, pour lui faire pressentir par là des plaisirs plus délicats. Il est donc certain que David et les autres hommes inspirés de ce temps-là n'avoient ici d'autre intention que d'exprimer l'état naturel où la mort réduit l'homme, ensevelissant avec lui, dans une même poussière, ses conseils et ses travaux commencés, l'enlevant à toutes ces as-

---

(1) *Hebr.* IX, 8.

semblées religieuses ou civiles, comme aux fêtes qui réunissent les peuples : ce qui n'est que trop vrai. Plus, en effet, de cantiques d'une sainte allégresse qui retentissent dans le silence des tombeaux; plus d'espérance au fond du sépulcre de voir le temple du Seigneur. Quand donc ils n'envisageoient qu'avec effroi cette perspective, unique motif de leurs gémissements et de leur douleur, ils témoignoient quelle étoit la jouissance où ils faisoient consister le bonheur de cette vie, et que rien à leurs yeux ne rendoit la mort si formidable, ni le tombeau si désolant, que ce silence des louanges divines, et des saints transports d'une pieuse allégresse, auquel leurs voix alloient être condamnées.

Aussi voyons-nous éclater le témoignage indubitable de l'espérance d'une meilleure vie, dans les spirituels et véritables Hébreux, c'est-à-dire dans les vrais adorateurs, lesquels, bien que mêlés à ce peuple grossier, élevoient leurs ames à un ordre de choses plus sublime. Des hommes qui ne connoissoient de bonheur qu'à servir Dieu et à chanter ses louanges, comment supposer que Dieu pût les abandonner? qu'il oubliât dans le tombeau ceux qui, jusqu'à leur dernier souffle, avoient placé en lui leur gloire et leur plaisir? qu'il fermât pour jamais leurs yeux à la lumière, et plongeât dans le néant des ames faites à son image? Loin de nous un doute aussi injurieux à la bonté divine (1)! Croyons plutôt que c'étoit lui qui ouvroit intérieurement les yeux de l'intelligence à ces fidèles et pieux serviteurs pour les fixer vers les biens éternels, quand ils disoient : « Dieu est mon sa-« lut et ma gloire; c'est de lui que j'attends « mon secours, et mon espérance est en Dieu; » et immédiatement : « Espérez en lui, vous tous « qui composez l'assemblée de son peuple; ré-« pandez devant lui vos cœurs : Dieu sera notre « défenseur, » et cela « pour l'éternité (2). » Plus d'ennemis, plus d'embûches, plus même de tombeaux à redouter pour les serviteurs de Dieu : au contraire, qu'ils chantent à l'avance la béatitude dont ils jouiront un jour en

---

(1) On peut voir cette question traitée à fond dans la *cinquième dissertation sur la loi mosaïque*, par les auteurs des *Principes discutés*, tom. VI, pag. 158 et suiv. Grotius lui-même, tout accoutumé qu'il étoit à ses explications littérales, ne désavoue point cette doctrine : il affirme au contraire que rien n'est plus constant dans le langage des livres saints que cette promesse des biens spirituels dans une autre vie. *Ibid.* pag. 219.

(2) *Ps.* LXI, 8, 9.

célébrant ainsi les louanges immortelles du Seigneur : « Heureux ceux qui habitent vos ta-« bernacles, ô mon Dieu ! ils vous loueront « dans les siècles des siècles (1). » Les Psaumes sont pleins de pareilles effusions. Qui donc, objecterez-vous, empêchoit David d'exprimer avec plus de clarté et de précision ces biens du siècle à venir? C'est qu'il ne falloit les énoncer qu'avec réserve, pour ne pas formaliser des esprits grossiers, portés à en faire des sujets de risée, peut-être même de scandale; à qui l'existence des ames, après la mort, ne paroissoit qu'une superstition païenne, un culte impie, tel que celui qui consacroit les hommes pour en faire de fausses divinités et apaiser les mânes par des sacrifices, qui accréditoit les divinations, l'évocation des ombres, et toutes ces erreurs, connues sous le nom de nécromancie, dont le moindre mal seroit d'être illusoires, quand elles ne seroient pas criminelles et sacriléges. D'où vient que la doctrine des ames et du siècle à venir n'étoit révélée à un peuple encore trop foible, que sous des voiles suffisants pour l'instruction des parfaits, et incapables de scandaliser ceux qui ne l'étoient pas.

---

(1) *Ps.* LXXXIII, 5.

X. Motifs de charité exprimés dans les Psaumes.

Nous n'avons donc plus de question à faire sur l'ardeur de l'amour de David envers Dieu: il éclate par-tout dans les Psaumes. D'abord, profession de cet amour déclarée par ces termes simples et familiers, « Je vous aimerai, ô mon « Dieu (1)! » puis motifs qui l'excitent: la vérité de Dieu, sa sagesse, sa sainteté, sa beauté, sa majesté: il le voit investi de gloire, porté sur les nuages, assis dans les cieux, d'où il fait jaillir ses éclairs, déplaçant les montagnes, maîtrisant les mers, bouleversant la terre, et d'un seul mouvement de sa tête ébranlant l'univers entier. A côté de ces merveilles de sa toute-puissance, sa bonté libérale, attentive à tous les besoins, qui ne dédaigne pas les corbeaux dont les rudes croassements l'invoquent à leur manière; sa bienveillance toute particulière pour les hommes, son inépuisable bienfaisance, son affection paternelle pour ses élus et pour le peuple choisi; l'inviolabilité de sa parole, la constance de sa tendresse prodigue de soins et de bienfaits; son amour pour ceux

---

(1) *Ps.* XVII, 2.

qui le servent, sa patience à l'égard des pécheurs, sa facilité à pardonner à ceux qui reviennent à lui : images toujours présentes à sa pensée, et dont l'empreinte est si profondément gravée dans son cœur et sur ses os, qu'elle lui fait dire : « Tous mes os vous rendront gloire « et s'écrieront : Seigneur, qui est semblable à « vous(1)? »

Bien différent dans sa foi du reste de la terre, le peuple de Dieu n'adoroit point des idoles palpables, des dieux de métal. Sur les traces de Moïse, David s'attache donc à rendre visible et présent par ses œuvres, par ses bienfaits, par ses miracles, ce Dieu invisible par lui-même, et inaccessible non seulement aux sens, mais à l'intelligence elle-même. C'est pour cela que les Psaumes excitent les cœurs à son amour par la considération de ses ouvrages, leur beauté, leur harmonie, leur variété, qui rendent témoignage à la sagesse et à l'habileté infinies de leur auteur. Dans ce nombre, ce qui tient un rang à part, l'alliance de Dieu avec la race humaine, représentée par un seul peuple d'Israël ; et à cette occasion l'œuvre la plus noble, la plus parfaite, par laquelle Dieu pût se ma-

---

(1) *Ps.* XXXIV, 10.

nifester, la loi donnée aux Juifs, loi plus pure et plus précieuse que l'or (1), David en fait l'objet de son amour, de ses ardeurs, de ses plus vifs empressements, comme étant pleine de la vérité et de la beauté de Dieu même. Il la médite jour et nuit, il en étudie avidement le sens profond; pas un moment où elle soit loin de ses mains et de ses lèvres; sans cesse présente à ses yeux, sans cesse imprimée dans son cœur, et jusque dans la moelle de ses os, il en contemple avec ravissement les charmes, il en sonde les secrets, il y met son espérance, sa joie, sa gloire, ses richesses, ses affections, ses conseils, tout en un mot; il se modèle sur son équité et sa droiture; elle est sa règle, sa sauvegarde, sa parure: il y trouve son armure, son bouclier, ses ornements, son unique charme. Voilà sa manière d'aimer, sa manière de jouir. Tout cela ramène à ce point capital : « Sachez que « c'est le Seigneur qui est Dieu ; c'est lui qui « nous a faits, et nous ne nous sommes pas faits « nous-mêmes (2), » si souvent répété dans les Psaumes, inculqué avec autorité sous les formes les plus variées et les plus engageantes, afin de nous porter à nous attacher sans ré-

---

(1) *Ps.* XVIII, 11; CXVIII, 127 — (2) *Ibid.* XCIX, 3.

serve à celui de qui nous tenons l'existence, en lui consacrant notre corps, notre ame, nos pensées, nos sens, et nos volontés.

XI. Merveilleux sentiment de la charité envers Dieu répandu dans les Psaumes.

Tels sont les motifs et les fondements de l'amour : venons à ses merveilleux effets : c'est l'admiration de Dieu ; c'est l'effusion du cœur qui s'élance vers lui, effusion si vive, que du cœur elle déborde sur le corps. De là ce cri : « Mon ame vous desire avec une soif ardente ; « ma chair elle-même soupire après vous (1) ; » et encore : « Mon cœur et ma chair pous- « sent leurs cris vers le Dieu vivant (2). » Bientôt l'ineffable ravissement qui porte sur ses lèvres les louanges du Seigneur, le besoin de soulager par ses chants le poids de l'amour dont le cœur est comme opprimé, les larmes délicieuses que la vraie piété fait couler en abondance : telles étoient les impressions que David en recevoit. Et depuis que l'égarement d'un plaisir coupable l'a rendu infidèle à la loi, il ne sait plus que gémir amèrement et sans relâche ; les soupirs, ce n'est pas dire assez, les

---

(1) *Ps.* LXII, 2. — (2) *Ibid.* LXXXIII, 3.

frissonnements, échappent du fond de son cœur : l'oiseau, dans sa retraite solitaire, ne fait pas entendre de plus douloureux accents, ni le lion des rugissements plus effroyables; sa profonde affliction s'empreint à tous ses membres languissants, ses pleurs coulent sans interruption, il en arrose et ses aliments et le lit où il repose; ses yeux se sont changés en deux fontaines de larmes qui creusent ses joues, sillonnent son visage, et ne s'arrêtent pas même après qu'il a été pardonné. Oh! qui pourroit ne pas s'enflammer au feu dont brûle le saint prophète? où est le cœur assez dur, assez farouche, pour entendre ces cantiques, et considérer tant d'amour, sans goûter et reconnoître combien il est doux d'aimer le Seigneur (1)?

XII. Charité envers le prochain, sans excepter les ennemis.

La charité fraternelle ne se fait pas moins sentir dans notre saint roi; et parmi ses grandes qualités, Salomon son fils loue particulièrement sa clémence et sa douceur : « Souvenez-« vous, Seigneur, de David et de toute sa dou-« ceur (2). » En effet il épargne Saül qui en

---

(1) *Ps.* XXXIII, 9. — (2) *Ibid.* CXXXI, 1.

vouloit à sa vie; et non content de venger sa mort, il donne à la perte de ce prince les larmes les plus amères et les plus vraies, bien que cette mort le mît en possession du trône(1). Même conduite à l'égard d'Isboseth, fils de Saül, dont ce généreux monarque fit punir(2) les meurtriers par le supplice qu'ils avoient mérité; et il déclara authentiquement que l'on encourroit sa disgrace si l'on vouloit étouffer dans le sang les complots tramés contre sa personne. Il fit chercher dans tout Israël tous ceux qui étoient restés de la maison de Saül pour les combler de biens(3); tant son ame étoit grande, tant elle étoit élevée au-dessus de tout ressentiment! Comme il se disposoit à châtier par la mort les brutalités de Nabal, apaisé par les soumissions et par le discours d'Abigaïl, il proféra ces paroles qui attesteront à jamais son inépuisable clémence : « Béni soit le Seigneur, « que votre parole soit bénie, et soyez bénie « vous-même de ce que vous m'avez empêché « de répandre le sang, et de me venger de ma « propre main(4), » tant ce prince miséricordieux trouvoit de plaisir à pardonner! Com-

---

(1) *II. Reg.* I. — (2) *Ibid.* IV, 9 et seq. — (3) *Ibid.* IX. — (4) *I. Reg.* XXV, 32, 33.

ment en agit-il envers Séméi, le plus méchant des hommes, qui l'avoit insulté, lui un si grand roi, non seulement par des outrages, mais à coups de pierres? ce qui ne l'empêche pas de lui faire grace, et de s'opposer à la vengeance que l'on vouloit tirer de ce criminel et méprisable sujet. Si dans la suite il excita contre lui les ressentiments de Salomon (1), c'est qu'il falloit prévenir, à un commencement de règne, sous un prince à peine sorti de l'enfance, dans une cour remuante, les troubles que faisoit craindre un homme d'un caractère inquiet et intraitable. Dans toute autre occasion, David se montra le plus facile à pardonner. Aussi avoit-il raison de dire en parlant de lui-même : « Vous avez « fait de moi, ô mon Dieu! un sujet de risée « pour l'insensé : je suis devenu muet, et je « n'ai point ouvert la bouche, parceque c'est « vous qui m'affligez (2). » Il savoit bien que les impies n'ont de pouvoir sur les bons qu'autant qu'il plaît à Dieu de lâcher la bride à leurs fureurs ; et dans les mauvais traitements qu'il avoit à essuyer de leur part, il envisageoit moins les sentiments qui les faisoient agir que la justice et la providence de la main divine

---

(1) *III. Reg.* II, 8, 9. — (2) *Ps.* XXXVIII, 9, 10.

qui le frappoit. C'est pourquoi il renfermoit son courroux en lui-même : « Tel, dit-il, que « le sourd, je ne les écoutois pas; tel que « le muet, je gardois le silence, et n'avois ni « oreilles pour entendre, ni langue pour ré- « pliquer(1) : » quels que fussent et les piéges qu'on lui tendoit, et les outrages dont on l'accabloit, sacrifiant sa vengeance, exposant sa personne au point d'enhardir même l'insolence de ses ennemis, qui ne voyoient dans son silence que l'aveu de son impuissance. Ils l'attaquoient sans sujet, lui qui ne leur avoit fait aucun mal : « Je les ai aimés, dit-il, et ils se « sont déclarés mes ennemis; ils m'ont rendu « le mal pour le bien, et la haine pour l'amour « que je leur portois(2); » et cependant, toujours miséricordieux, et bienveillant même pour des ingrats, il ne faisoit de mal à qui que ce fût. Environné de traîtres, il se tournoit vers Dieu, attendant de la prière tous ses secours et toutes ses consolations : « Je priois, dit-il, au « milieu de leurs embûches et de leurs conju- « rations : ils me rendoient le mal pour le bien; « ils tâchoient de rendre mon ame stérile et in- « fructueuse, » c'est-à-dire de me réduire à la

---

(1) *Ps.* XXXVII, 14, 15. — (2) *Ibid.* CVIII, 3, 4, 5.

solitude, à l'indigence, à un dénuement absolu : moi, au contraire, « bien qu'ils me fussent si « incommodes, » j'opposois, non des armes, non des haines, non des projets de vengeance; mais « je me revêtois d'un sac, j'affligeois mon « ame par le jeûne, et, me retirant dans le se- « cret de mon cœur, je priois pour eux, je « marchois avec tristesse, pleurant chacun « d'eux comme mon ami et mon frère(1) : » c'est-à-dire, j'épanchois sans bruit mes prières dans mon sein; et ma pensée, me rappelant les nœuds fraternels qui unissent les hommes, me faisoit voir, dans la personne même d'un ennemi, un ami et un frère. C'étoit là l'égide qu'il opposoit aux coups dirigés contre lui : « Que ma prière, dit-il, n'ait rien de commun « avec ce qui fait l'objet de leurs recherches; » ou, comme porte l'hébreu, « Que ma prière « s'élève à l'encontre des vœux pervers qu'ils « forment contre moi(2). » Conséquemment, au milieu de tout ce déchaînement de ses ennemis, il levoit ses mains pures vers le ciel, et se rendoit hautement ce témoignage : « Si j'ai

---

(1) *Ps.* XXXIV, 12, 13, 14. — (2) *Ibid.* CXL, 5. Les auteurs des *Principes discutés* traduisent : « Que mon ardente prière efface leurs blasphèmes. » t. XIV, pag. 343.

« rendu le mal à ceux qui m'avoient provoqué,
« je consens à succomber sous mes ennemis,
« frustré de mes espérances. Que l'ennemi
« poursuive mon ame et s'en rende le maître ;
« qu'il me foule aux pieds sur la terre en m'ô-
« tant la vie, et qu'il réduise toute ma gloire en
« poussière (1) : » allant ainsi au-devant de la
lumière évangélique, comme si déjà son oreille
eût été frappée de cet oracle du Seigneur : « Ai-
« mez vos ennemis, faites du bien à ceux qui
« vous haïssent, priez pour ceux qui vous per-
« sécutent et qui vous calomnient (2); ne vous
« laissez pas vaincre par le mal, mais triomphez
« du mal par le bien (3). »

XIII. Ce que l'on y doit entendre par le mot *ennemis*, et dans quel sens il faut prendre les fréquentes imprécations que l'on y rencontre.

Comme il n'est presque point de psaume où nous n'entendions David se plaindre de ses ennemis, il est bon de comprendre une bonne fois quels sont ceux qu'il regarde comme tels. Ce sont les ennemis de Dieu, tous ceux qui commettent des violences, tous les hommes

---

(1) *Ps.* VII, 5, 6. — (2) *Matth.* V, 44. — (3) *Rom.* XII, 21.

injustes, violents, oppresseurs, en un mot les méchants et les impies. Il le déclare en ces termes : « Seigneur, n'ai-je pas haï ceux qui vous « haïssoient, et ne séchois-je pas d'ennui à cause « de vos ennemis? Je les haïssois d'une haine « parfaite, et ils sont devenus mes ennemis : » ce dont il prend Dieu à témoin, en ajoutant : « O mon Dieu! éprouvez-moi, et sondez mon « cœur; interrogez-moi, et connoissez les sen- « tiers par lesquels je marche (1). »

Ce principe établi, l'on ne doit plus prendre ombrage de tant d'imprécations qui se rencontrent dans les livres de l'ancien Testament, sans excepter celui de David même, où les ennemis de Dieu et les siens sont dévoués à tous les anathèmes, où l'on appelle sur leurs têtes toutes les calamités. Ces expressions prises à la lettre s'accorderoient mal avec un caractère aussi doux, aussi éloigné de la vengeance. Mais d'abord ce ne sont que des menaces conditionnelles, c'est-à-dire des vœux pour que les méchants soient punis à la fin, s'ils ne se corrigent pas. Car ce n'est pas un David, un prince si miséricordieux, qui savoure le sang des hommes même les plus pervers, lui qui se dé-

---

(1) *Ps.* CXXXVIII, 21, 22, 23.

vouoit pour eux aux austérités de la pénitence. Il faut donc voir ici moins des arrêts que des avertissements. Point de doute sur cette interprétation, quand vous l'entendez, à l'aspect de l'impie s'abandonnant à l'orgueil de ses pensées, s'écrier dans les transports de son zèle et l'amertume de sa douleur, en versant des torrents de larmes : « J'ai vu les prévaricateurs, « et j'en séchois de tristesse, parcequ'ils n'ont « pas gardé vos commandements : mes yeux « ont répandu des ruisseaux de larmes, parce- « qu'ils n'ont pas observé votre loi (1). » Même motif à l'égard de ses ennemis personnels : c'est que leurs artifices, leurs violences et leurs complots sanguinaires étoient autant d'attentats contre la loi de Dieu : « Mon zèle m'a fait sécher « de douleur, parceque mes ennemis ont oublié « vos paroles (2). » Telle étoit donc l'intention de ces anathèmes et de ces menaces formidables dirigées contre eux ; elles étoient l'effet de la clémence bien plus que du ressentiment ; et David ne faisoit en cela que se conformer à l'exemple de Dieu même, pour détourner du crime par la terreur des châtiments. Ce qui le justifie, c'est cette prière : « Que tous mes en-

---

(1) *Ps.* CXVIII, 136, 158. — (2) *Ibid.* 139.

« nemis rougissent, et soient remplis de trou-
« ble ; qu'ils se convertissent incessamment, et
« qu'ils soient couverts de confusion (1). » Il demande un prompt châtiment qui, domptant leur opiniâtreté, les fasse aussitôt revenir à Dieu, et les courbe sous le joug de la pénitence. Tel est encore le sens de ces paroles : « Je met-
« tois à mort dès le matin tous les pécheurs de
« la terre, afin de bannir de la ville du Seigneur
« tous ceux qui commettent l'iniquité (2). » C'étoit pour empêcher ou que l'impunité ne prêtât un aliment au crime, ou que le mépris des lois n'ouvrît une carrière plus libre aux vices. Que si la terreur même du châtiment ne suffit pas encore pour arrêter leur révolte insensée contre le Seigneur, c'est alors que, s'armant du zèle le plus animé pour la justice, se revêtant de la justice même du Seigneur, David et les autres saints invoquent les supplices contre une insolence rebelle et prête à tout oser, dont Dieu lui-même deviendroit le complice en ne la punissant pas. Et c'est ainsi qu'il faut entendre cette *haine parfaite* dont il disoit tout à l'heure qu'il *haïssoit les méchants* (3), non par esprit de vengeance ou par

---

(1) *Ps.* VI, 11. — (2) *Ps.* C, 8. — (3) *Ps.* CXXXVIII, 22.

aucun motif de ressentiment, mais d'après la règle précise de la vérité qui nous fait aimer la personne, haïr le crime, et chercher à le réprimer.

Mais en second lieu, nous découvrons ici un sens bien plus relevé; et, comme l'explique S. Chrysostôme (1), ces imprécations apparentes ne sont au fond que des prédictions. C'est le châtiment du traître Judas et des Juifs que le prophète avoit en vue. Il les voit, dans les siècles à venir, chassés de leur pays, fugitifs, errants, en punition de l'égarement et du coupable délire auquel ils doivent se porter. Ce n'est point là un vœu, ce n'est que prévision; ce ne sont point des imprécations, mais des oracles révélés par l'esprit de prophétie. Toutes ces expressions se justifient donc par un double motif de zèle pour la justice, et par l'autorité du don prophétique : ce que S. Augustin renferme dans ce peu de mots (2): « David a « prédit ces choses, parcequ'elles devoient ar- « river; il n'a pas désiré qu'elles arrivassent,

---

(1) *In Psal.* CVIII, pag. 245, *de Judâ. In Ps.* CXXXVIII, pag. 417, *de Judæis*, tom. V, edit. Bened. — (2) *Enarratio in Ps.* XXXIV, serm. I, n. 9, tom. IV, *édit. Bened.*, col. 233.

« bien qu'en vertu de l'inspiration prophétique
« il les annonce telles que Dieu les exécute, avec
« l'autorité d'un jugement assuré, bon, juste,
« saint, rendu avec calme, non dans le désor-
« dre de la passion ou d'un zèle amer, ni pour
« satisfaire à un sentiment ennemi, mais par
« un esprit de justice qui veut la punition
« du crime : ce qui n'en est pas moins une pro-
« phétie. » Ainsi parle le saint docteur. Du
reste, ne perdons point de vue qu'il y a dans
l'ancien Testament une foule de passages qui
ne sont applicables qu'au temps où il a été
écrit. Alors, pour subjuguer l'entêtement d'un
peuple dur et rebelle, il falloit l'effrayer par les
images éclatantes des rigueurs de la justice divine; alors Moïse sortoit des bornes de sa douceur naturelle, pour ordonner tant et de si rigoureux supplices; alors Élie faisoit descendre
le feu du ciel pour dévorer des capitaines et
des soldats qui lui parloient avec insolence (1);
alors Élisée abandonnoit à la fureur des ours
de simples enfants, pour châtier leur crimi-
nelle étourderie (2). Qui voudroit aujourd'hui
se prévaloir de ces exemples entendroit le Dieu
de bonté lui répondre : « Vous ne savez pas à

---

(1) *IV. Reg.* I, 12. — (2) *Ibid.* II, 24.

quel esprit vous appartenez (1). » Il nous impose d'autres devoirs, « celui qui ne brise pas « le roseau froissé, et n'éteint point la mèche « qui fume encore (2). »

XIV. Des sacrements de l'ancien peuple, et des pieuses dispositions de David à son égard.

J'ai cru devoir présenter ces réflexions préliminaires, tant sur l'objet et l'institution des Psaumes, ce que j'en appelle l'esprit, que sur les motifs par lesquels ils excitent les ames à la foi, à l'espérance, à la charité. Répandus comme ils le sont dans le cours des Psaumes, il m'a semblé qu'ils auroient bien plus d'énergie et d'efficacité, réunis sous un seul point de vue. Et c'est ici l'occasion de parler des sacrements de la première alliance, et du zèle admirable avec lequel David les honoroit. Nous donnons ici au nom de sacrement l'acception la plus étendue : c'étoient l'arche, le temple, Sion, la cité sainte, la terre elle-même donnée aux Israélites en héritage; en un mot, tout ce qu'il y avoit de symboles représentatifs de Jésus-Christ, de son Église, et de cette cité bienheureuse,

---

(1) *Luc.* IX, 55. — (2) *Is.* XLII, 3. *Matth.* XII, 20.

immortelle, qui nous est promise. On sait qu'il y avoit deux motifs bien faits pour les rendre chers aux cœurs des anciens Hébreux : c'est qu'ils étoient et le commémorial du passé, et l'annonce de l'avenir. C'étoit d'abord cette arche d'alliance, dont la construction avoit été faite sous les yeux de Moïse, dès le commencement du voyage dans le désert; laquelle garantissoit la présence du Seigneur aux tribus fugitives, errantes à travers les solitudes, et à leur postérité (1). C'étoient, dans l'intérieur de l'arche, les tables du Décalogue, gravées par le doigt de Dieu même sur le mont Sinaï, qui le montroient aux regards non seulement présent, mais donnant ses ordres, seulement dans un appareil plus pacifique. Par-dessus, le propitiatoire qui la couvroit, que David appelle l'*escabeau des pieds du Seigneur* (2), d'où il rendoit ses oracles : sanctuaire vide en apparence, et qui n'offroit aux yeux rien de distinct, mais plein de l'invisible majesté du Dieu d'Israël, qui se manifestoit aux regards des fidèles, sortant de son secret par les oracles qu'elle rendoit authentiquement et par les rayons de la vertu divine qui s'en échappoit avec éclat. Il suffisoit

---

(1) *Exod.* XXV, XXXVII. — (2) *Ps.* XCVIII, 5.

d'en approcher, pour se croire en présence du Dieu qui y résidoit. On avoit encore sous les yeux les eaux du Jourdain, retournant en arrière à son ordre, comme il se lit dans un psaume (1); les murs de Jéricho tombant pour ne se relever jamais; les simulacres des faux dieux, Dagon lui-même, renversés à terre; les Philistins frappés d'une plaie incurable; et les autres prodiges opérés par l'arche, à des époques encore si récentes. Aussi étoit-ce là l'objet des vives ardeurs du prophète-roi, et des saints mouvements qui l'agitoient à la vue du sanctuaire où l'arche étoit placée. Il demandoit, par des vœux continuels, à voir la face de Dieu, Dieu lui-même : « Seigneur, disoit-il, je cher-« cherai votre visage (2). » C'étoit le même sentiment qui faisoit dire à d'autres : « Combien vos « tabernacles sont aimables, ô Seigneur, Dieu « des vertus ! » et immédiatement : « Mon cœur « et ma chair font éclater, par des transports de « joie, l'amour qu'ils ont pour le Dieu vivant (3). » C'étoit là ce que, dans leurs cantiques journaliers, ils appeloient la beauté, la gloire, l'honneur, la sainteté d'Israël. De là le solennel usage

---

(1) *Ps.* CXIII, 3, 5. — (2) *Ibid.* XXVI, 8. — (3) *Ibid.* LXXXIII, 1, 2.

d'adorer l'arche, par hommage pour la Divinité qui y résidoit, selon cette parole de David: « Adorez l'escabeau de ses pieds (1). » Lors du transport de l'arche, quel culte ne lui rendit-il pas! C'étoit Dieu lui-même qui sembloit triompher. David ne pouvoit modérer les témoignages publics de sa joie, quelques reproches que lui en fit la reine (2), rempli qu'il étoit d'amour pour l'arche. Les lévites le savoient bien. Aussi quand ce prince fuyoit Absalon, ils emportèrent l'arche avec eux, pour être leur consolation dans une si grande calamité. Mais « le roi « dit à Sadoc: Reportez à la ville l'arche de « Dieu. Si je trouve grace devant le Seigneur, « il me ramènera, et il me fera revoir son ar-« che et son tabernacle. Que s'il me dit, Vous « ne m'agréez point, je suis tout prêt; qu'il « fasse de moi tout ce qu'il lui plaira (3): » paroles qu'il nous suffit de rapporter, pour ne plus trouver rien d'incroyable dans ces sentiments d'amour pour l'arche que nous verrons respirer dans tout le cours des Psaumes.

Ce culte s'accrut par la magnificence du temple que bâtit Salomon, lorsque l'arche d'al-

---

(1) *Ps.* XCVIII, 5. — (2) *II. Reg.* VI, 20, 21. — (3) *Ibid.* XV, 25, 26.

liance y fut portée pour être placée dans le lieu que le Seigneur avoit ordonné à Moïse de désigner en son nom (1), et dont il avoit ratifié le choix par tant de miracles (2), pour y recevoir les assemblées religieuses, les cérémonies saintes, les pieux repas, et les chœurs sacrés, transmis par les ancêtres. De là, Jérusalem la cité chérie de Dieu ; les chemins qui conduisoient à la ville et à la maison de Dieu retentissant de cris d'allégresse, comme il est si souvent répété dans les Psaumes ; la religion elle-même et la terre de Judée faisant les délices de ses habitants, en souvenir des fréquentes apparitions divines qui l'avoient consacrée, et des monuments en foule qui retraçoient à tous les yeux la foi des patriarches et les bienfaits du Seigneur. David, durant sa fuite, s'unit à elle dans l'ardeur de ses desirs. Le peuple transporté tout entier dans la terre de Babylone en est perpétuellement occupé : loin d'elle, il ne fait que gémir ; pour lui, plus de joie, plus de chants. « Nous ! disoit-il, chanter les cantiques « du Seigneur au sein d'une terre étrangère (3) ! » Après même que Jérusalem eut été détruite,

---

(1) *III. Reg.* VIII, 6. *Deut.* XIV, XV, XVI. — (2) *III. Reg.* VIII, 10. — (3) *Ps.* CXXXVI, 4.

et son temple réduit en cendres, le sol même ne cesse pas d'être l'objet de ses hommages et de ses affections. Dans l'un des psaumes qui furent chantés au temps de la captivité, vous les entendez s'écrier, en s'interrompant de leurs sanglots : « Ses pierres elles-mêmes ont été « chères à vos serviteurs (1). » Ils aimoient jusqu'aux décombres de cette cité, de ce temple qui n'existoient plus : « Ils s'attendriront, di- « sent-ils, sur cette terre (2) » qui les vit si florissants : ses ruines et sa solitude, toujours présentes à leur pensée, seront pour eux un sujet de deuil inconsolable. Présents, ils y portoient des dons et des parfums, comme le témoigne Jérémie (3) : absents, du séjour de leur captivité, ils dirigent leurs yeux vers elle, et prient, le visage tourné du côté de cette chère patrie, conformément à l'ordre de leurs pères (4), à l'exemple de Daniel qui fléchissoit les genoux « du côté de Jérusalem (5) » pour adorer le Seigneur, parceque, dès le temps des rois David et Salomon, Jérusalem étoit la ville du Seigneur, marquée de son nom, empreinte de son sceau. Tel étoit leur respect pour cette ville, telle

---

(1) *Ps.* CI, 14. — (2) *Ibid.* — (3) *Jerem.* XLI, 5. — (4) *III. Reg.* VIII, 48. — (5) *Dan.* VI, 10.

leur affection pour le temple, tel leur amour pour le sol qui les avoit vus naître.

Cependant les vrais Israélites, ceux qui ne l'étoient pas seulement de nom, disciples de Jésus-Christ antérieurement à la venue de Jésus-Christ, portoient plus haut leurs pensées. La vénération qu'ils donnoient à des sacrements, symbole d'un ordre surnaturel, se portoit sur une autre Jérusalem, un nouveau temple, une arche nouvelle. Sans parler, en effet, des autres figures, dont l'évidence frappe tous les yeux, l'arche du Testament, c'est l'Église de Jésus-Christ, vrai sanctuaire de Dieu, dépositaire, non plus des tables du Décalogue, mais de la loi évangélique descendue du ciel. L'arche voyageant dans le désert, l'arche captive des Philistins, et triomphant de leurs attaques, l'arche errant *dans les champs de la forêt*, obligée de changer de demeure, représente l'Église, étrangère ici-bas, éprouvée par les tribulations, gémissant dans l'oppression, mais toujours victorieuse de ses ennemis, mais toujours pleine de Dieu. L'arche portée dans la forteresse de Sion, pour être ensuite placée dans le sanctuaire, est l'image de la même Église déja triomphante et s'élevant dans les cieux. Bien plus, dans un sens encore plus relevé, l'arche, c'est Jésus-Christ lui-même, où repose Dieu, comme dans l'oracle vivant d'où il déclare ses commandements. L'arche, c'est cette chair de Jésus-Christ où réside la plénitude de la divinité, l'escabeau du Seigneur que les apôtres adoroient sur la terre, et que nous adorons chaque jour dans nos mystères (1); cette chair en laquelle le Seigneur descend et monte, comme autrefois dans l'arche. Il y descend *pour venir vers la multitude des enfants d'Israël*, comme il est dit au livre des Nombres en parlant de l'arche (2), *apparoissant sur la terre, et conversant avec les hommes* (3); après quoi il monte *dans le lieu de son repos* (4), pour retourner au sein de Dieu son père, d'où il étoit sorti, comme étant son Fils unique de toute éternité : il y monte *avec l'arche de sa sainteté* (5), c'est-à-dire avec la propre chair dont il s'étoit revêtu. Voilà comme cette arche de l'alliance et ce temple de la première Jérusalem n'étoient que l'histoire anticipée du nouveau Testament; et c'est pour cela que S. Jean, dans sa vision miraculeuse,

---

(1) C'est ainsi que l'entendent saint Augustin sur le Psaume CXXXI, 7, et saint Ambroise *de Spiritu sancto*, lib. III, cap. XII. — (2) *Num.* X, 35, 36. — (3) *Baruch.* III, 38. — (4) *Ps.* CXXXI, 8. — (5) *Ibid.*

les voit dans le ciel (1). D'après le saint évangéliste, nous aussi nous voyons dans le ciel et le temple et l'arche, lorsque nous y considérons les mystères célestes. Cette matière, si nous voulions la poursuivre ici, nous mèneroit trop loin; mais il étoit important de donner ces aperçus, tant pour mettre en évidence ce qui fait le sujet principal et le plus ordinaire des Psaumes, que pour faire comprendre, pour toutes les occasions où se rencontrent ces rapports des deux Testaments, et elles se présentent fréquemment, quel est le but où elles nous doivent amener. Élevez donc vos esprits, lecteurs chrétiens, et toutes les fois que ces expressions des Psaumes s'offriront à vous, figurez-vous non une arche d'un bois fragile, non un tabernacle revêtu de peaux, non une ville bâtie de pierres, non un temple où s'enferme la majesté divine, mais les sacrements de Jésus-Christ et de son Église, mais les pierres vivantes d'un édifice dont Jésus-Christ est la pierre angulaire, mais notre sainte eucharistie, où Dieu se manifeste en nous, présent en personne; enfin le royaume céleste et la béatitude immortelle.

---

(1) *Apoc.* XI, 19.

CHAPITRE II.

De la majesté et de l'onction des Psaumes.

XV. Du style des Psaumes.

Nous allons parler du style des Psaumes. Nous disons que la magnificence s'y trouve réunie éminemment à la douceur (1).

Ce qui constitue la majesté du langage, c'est d'abord le sublime du sujet. Parlant de Dieu : « Votre grandeur, dit le prophète, est élevée « au-dessus des cieux (2).... Les cieux racon- « tent la gloire de Dieu (3).... C'est lui qui fait « seul de grands prodiges (4). » Ensuite l'expression en rapport avec la grandeur de l'idée;

---

(1) « Toujours en proportion avec le sujet, la poésie « des Psaumes est tantôt douce, gracieuse, pleine de « charmes, tantôt élevée, hardie, pleine de grandeur et « d'enthousiasme. » Lowth, *Prælect.* XXV, pag. 493.

Bossuet donne à ce caractère particulier d'élévation le nom de *magniloquentia*, expression pour laquelle la langue françoise n'a point encore de synonyme.

(2) *Ps.* VIII, 1. — (3) *Ibid.* XVIII, 1. — (4) *Ibid.* CXXXV, 4.

rien d'enflé, rien de vide, expression simple pour l'ordinaire, mais d'un sens profond; par exemple: « Vous êtes mon Dieu, vous n'avez « pas besoin de mes biens (1), » ni de sacrifices, ni de présents, ni de louanges, grand de votre grandeur, heureux de votre félicité; souvent néanmoins éclatante et riche: « Le Seigneur a « régné, il s'est revêtu de gloire et de majesté; le « Seigneur s'est revêtu de force (2). Vous êtes « tout environné de majesté et de gloire, tout « revêtu de lumière comme d'un vêtement (3). » Sentiments, et mouvements analogues: « Vous « êtes vraiment terrible, et qui pourra vous « résister (4)? Que vos ouvrages, Seigneur, sont « grands et magnifiques! que vos pensées sont « profondes et impénétrables! L'insensé ne les « connoît point, et le fou n'en a point l'intel- « ligence (5). » De même, parlant du Messie, quelle grandeur dans ces images! « Le Seigneur « a dit à mon Seigneur: Asseyez-vous à ma « droite; » et dans le même psaume, « Je vous « ai engendré de mon sein avant l'étoile du « jour (6); » et encore, « Votre trône, ô Dieu,

---

(1) *Ps.* XV, 2. — (2) *Ibid.* XCII., 1. — (3) *Ibid.* CIII, 1, 2. — (4) *Ibid.* LXXV, 7. — (5) *Ibid.* XCI, 5, 6. — (6) CIX, 1, 3. — *Hébreu* littéral: « *Ex utero præ auroră*

« subsistera éternellement : c'est pour cela, ô
« Dieu, que votre Dieu vous a oint et con-
« sacré (1). » Un Dieu consacré par un Dieu !
quoi de plus sublime ? Mais quelle simplicité
dans ces paroles : « Vous surpassez en beauté
« tous les enfants des hommes : la grace est ré-
« pandue sur vos lèvres (2) ! » Successivement
images brillantes et ornées : « Fort de vos attraits,
« de votre beauté, de votre grace, marchez à la
« conquête (3). » Comme s'il disoit : Avec votre
armure, montez sur votre char ; et triomphez de
vos ennemis par la seule grace de votre visage
et de vos paroles ; car on voit d'un coup d'œil
que c'est là le sens de ces paroles. Le sublime
ne va pas plus loin.

XVI. Du pittoresque de l'expression dans les Psaumes.

Mais point de figure plus commune dans les
Psaumes, et en même temps plus vive que
celle qui consiste à mettre sous les yeux son
idée, et à faire de l'expression un tableau. Le

« *tibi ros nativitatis tuæ :* « Votre naissance du sein de
« votre père est comme une rosée qui précède même l'au-
« rore. » Carrières.
  (1) *Ps.* XLIV, 7, 8. — (2) *Ibid.* 2. — (3) *Ibid.* 3, 5.

prophète a-t-il à peindre des ennemis acharnés et furieux, d'un seul trait il rend sa pensée : « Ils « ont grincé des dents contre moi (1). » Ailleurs : « Ils m'ont vu, et ils ont secoué la tête (2). » Vous les voyez : voilà tout ensemble leurs dédains, leurs menaces, leurs insultes. Parle-t-il du médisant, voici son armure : des flèches, des dents empoisonnées, et qui mordent jusqu'au vif (3) ; d'amis infidèles, « Mes amis, « mes proches eux-mêmes se sont tenus à l'é- « cart en ma présence, comme on fait à l'aspect « d'un lépreux (4), » que l'on regarde de loin, en détournant les yeux, sans l'honorer d'un mot. C'est la chose même peinte au naturel. Nous transporte-t-il auprès d'un malade, vous plongez jusqu'au fond de ses entrailles, à travers ses plaies que la cicatrice ne ferme pas encore ; étendu, agité sur ce lit de douleur, il est là, qui se tourne et se retourne, en proie aux déchirements de la souffrance, qui le perce comme la pointe de l'épine (5). Parle-t-il de l'infortune qui gémit dans la captivité, il la voit perdue « au fond d'un lac, enveloppée « d'épaisses ténèbres, assise dans l'ombre de

---

(1) *Ps.* XXXIV, 16. — (2) *Ibid.* CVIII, 25. — (3) *Ibid.* LVI, 4. — (4) *Ibid.* XXXVII, 11. — (5) *Ibid.* XXXI, 4.

« la mort, au sein d'une obscurité sombre,
« ainsi que des corps privés de vie (1). » Vous
frémissez; ce n'est plus une prison, c'est un sépulcre que vous avez devant les yeux. Quelle peinture dans ces autres paroles! Cachés en embuscade « ils lancent leurs flèches contre le
« juste sans défiance; ils le percent, et puis ils
« se travaillent à inventer des crimes dont ils
« chargent leur victime (2). » Vous avez là, d'un côté l'homme vertueux qui ne soupçonne pas le mal; de l'autre, l'artisan d'iniquité, qui concerte sourdement ses perfides manœuvres.

Le pinceau le plus habile a-t-il jamais réussi à rendre, avec une nature aussi vraie, les souffrances de Jésus-Christ sur sa croix, que le fait David dans le psaume vingt et unième? Vous voyez ses pieds et ses mains percés, l'accablement universel où il est plongé, ses chairs dépouillées, meurtries, déchirées, tombant en lambeaux, abandonnant ce corps suspendu entre le ciel et la terre; pour compléter la scène,

---

(1) *Ps.* LXXXVII, 6. — (2) *Ibid.* LXIII, 5. — Hébreu et vulgate: *Scrutati sunt iniquitates*. Carrières: « Ils ont
« aussi cherché des crimes pour me les imputer. » Sacy:
« Ils cherchent les moyens de faire le mal. » Les capucins: « Ils approfondissent l'art de nuire. » Houbigant:
« Ils ont plongé jusqu'au fond de l'iniquité. »

autour de lui, sous l'image de jeunes veaux bondissants, de taureaux furieux, mêlés à des chiens affamés, à des lions avides de carnage, une troupe insolente de bourreaux qui, non contents de l'assaillir par leurs cris féroces, de lui insulter sans pudeur, de le charger d'injures et d'imprécations, le frappent à coups redoublés, le foulent sous les pieds, tels que ces barbares animaux enfonçant à-la-fois leurs ongles et leurs dents sur la proie qu'ils dévorent; et tout cela dans quelques mots, mais d'un pittoresque que rien n'égale.

Voilà comme le prophète sait exprimer les objets sensibles. A-t-il à peindre des objets purement intellectuels, c'est toujours la même énergie. Par exemple, il semble donner un corps à la paix, quand il dit: « Elle brisera « l'arc, elle mettra les armes en pièces, elle jet- « tera au feu les boucliers (1). » Ainsi de la justice; la voici personnifiée dans ce mot: « La Jus- « tice a abaissé ses regards du haut du ciel (2): » image qui la fait voir, du trône sublime où elle est assise, présidant à toutes les choses de ce monde, inspectant les bons et les méchants, tenant un compte rigoureux de toutes leurs

---

(1) *Ps.* XLV, 9. — (2) *Ibid.* LXXXIV, 11.

œuvres, pour les traiter un jour en proportion de leurs mérites : ce sont là, en effet, les fonctions qui la caractérisent. Et parcequ'elle ne marche jamais seule, voyez : « La Miséricorde « et la Vérité se sont rencontrées ; la Justice et « la Paix se sont donné le baiser (1). » Imaginez-vous rien de plus heureux que cette rencontre, de plus délicieux que ce baiser?

La majesté de Dieu lui-même, tout immense, tout inaccessible qu'elle est à la foible portée de nos sens, comme il sait la rendre présente et sensible à nos yeux! Le voilà porté sur les nuages : il vole sur les ailes des vents, au milieu des éclairs et de la foudre ; ses yeux percent au loin ; il étend les bras ; du haut du ciel sa main atteint jusqu'aux extrémités de l'univers (2). N'allez pas en conclure que le prophète donne à Dieu des membres, un corps, pas plus qu'il n'est armé d'une épée, d'un arc, et de flèches. En lui prêtant ces instruments de guerre, nos livres saints n'en prétendent pas faire un guerrier armé pour les combats ; ils ne veulent qu'indiquer cette force souveraine qui se fait sentir de loin comme de près, et à la-

---

(1) *Ps.* LXXXIV, 10. — (2) *Toto psalm.* XVII, *et* CIII, *et passim.*

quelle rien ne sauroit échapper. Il en est de même de ces autres images qui le représentent avec des mains, des oreilles, un visage. Et c'est aussi pour exprimer cette toute-puissance dégagée de tout alliage des sens, que David, variant ses tableaux, a dit: « Le Seigneur a parlé, « et toutes choses ont été faites; il a commandé, « et tout est sorti du néant (1): » paroles qui nous ramènent à l'histoire de la création, telle que Moïse l'expose avec l'auguste majesté de son langage ordinaire. Ici, ce n'est plus l'opération puissante d'un mouvement de bras ou de mains: c'est une simple parole de commandement, c'est un ordre émané du Dieu qui seul n'a pas besoin de se mouvoir pour agir, et qui, du centre de son immuable repos, prescrit à la nature entière, docile à sa voix, l'ordre fixe, invariable, qui l'enchaîne pour toute la durée des siècles. « Il a établi ses lois pour subsister « dans tous les siècles, il a prescrit ses ordres, « qui ne manqueront pas de s'accomplir (2). » Par ces images sensibles l'esprit est porté naturellement à s'élever jusqu'aux objets les moins sensibles. Ainsi l'entendons-nous dire encore: « Que je monte dans le ciel, vous y êtes; que

---

(1) *Ps.* CXLVIII, 5. — (2) *Ibid.* 6.

SUR LES PSAUMES. 89

« je descende dans l'enfer, vous y êtes encore :
« si je vais demeurer dans les extrémités de la
« mer, c'est votre main qui m'y conduira (1). »
Ce seroit donc la plus absurde de toutes les
imaginations, que de se figurer Dieu sous une
forme gigantesque et colossale, quand il est
intelligence pure, dégagée de toute matière,
sans corps, donc sans visage ni forme comme
nous autres hommes, mais présente en tous
lieux par son immensité.

XVII. Comparaisons et similitudes; leur sublime précision.

De là ces comparaisons prises des choses les
plus familières, comparaisons où il n'y a rien
d'ambitieux, rien d'affecté, comme dans les
discours où l'on veut éblouir par une certaine
pompe de langage. Il suffit au prophète d'un
seul trait pour rendre sa pensée (2). Exemples :
« De même que la cire fond au feu, qu'ainsi les

---

(1) *Ps.* CXXXVIII, 8, 9, 10.
(2) Pour mieux sentir la supériorité de Bossuet sur
tous les commentateurs des livres saints qui l'avoient
précédé, ou qui l'ont suivi, l'on fera bien de lire le
douzième chapitre, excellent d'ailleurs, du professeur
Lowth sur la même matière. (*De sac. Hebr. poesi*, p. 230
et suiv.)

« pécheurs périssent devant la face du Sei-
« gneur (1).... Gardez-moi, Seigneur, comme
« la prunelle de l'œil (2), » dont on a soin d'é-
carter non seulement les coups violents, mais
les atteintes même les plus légères, et jusqu'à
celle d'un fétu. Parlant du soleil : « Semblable
« à un jeune époux (3) : » tout est exprimé par
ce simple mot : vous voyez toute la magnificence dont se décore ce bel astre à son lever.
Et de suite : « Il sort plein d'ardeur pour courir
« comme un géant (4), » pour exprimer la rapidité avec laquelle il va fournir sa carrière, et
parcourir, comme d'un seul saut, les vastes
espaces du ciel. N'omettons pas ce trait, qui
frappe les esprits même les moins pénétrants :
« J'ai vu l'impie... pareil aux cèdres du Liban :
« j'ai passé, il n'étoit plus (5) : » où vous voyez
l'image, non seulement d'une grande chute,
mais d'une chute subite et inattendue.

Il faut avouer que si nos prophètes excellent dans l'art de la description, ils se surpassent
encore eux-mêmes toutes les fois qu'ils nous
parlent de la vanité des choses humaines. Con-
çoit-on rien qui s'échappe plus vite que l'homme

---

(1) *Ps.* LXVII, 2. — (2) *Ibid.* XVI, 8. — (3) *Ibid.*
XVIII, 5. — (4) *Ibid.* — (5) *Ibid.* XXXVI, 35, 36.

qui « passe comme la fleur des champs, qui « fleurit pour un peu de temps (1)? » Pourquoi ne dit-il pas, comme la fleur de nos jardins? non; la culture et l'abri pourroient en prolonger la durée. Mais voici qui peint mieux encore la fragilité de l'homme : « Il passe comme « l'ombre qui s'efface au déclin du jour (2). » Il enchérit par de plus vives images : « Comme « le songe de ceux qui s'éveillent (3), » parlant du bonheur des impies, dont l'apparente prospérité se réduit à un songe, et encore à un songe dont se berce l'homme tout prêt à s'éveiller. Si du moins c'étoit durant tout le sommeil d'une longue nuit! non, c'est le songe d'un homme qui s'éveille. Vous ne croyez pas que rien puisse s'échapper plus vite? Écoutez nos prophètes envisageant la vie humaine, non plus dans son cours ordinaire, mais dans le plus long espace de temps. David accumule les siècles pour s'écrier : « Mille ans sont « comme le jour d'hier qui est passé (4). » A peine commencée, la plus longue vie s'est dissipée.

Cette énergique concision de style, ordinaire

---

(1) *Ps.* CII, 15. — (2) *Ibid.* CVIII, 23. — (3) *Ibid.* LXXII, 20. — (4) *Ibid.* LXXXIX, 4.

à nos écrivains sacrés, et plus particulièrement à David, me fournit une autre observation. Non seulement vous ne le voyez point s'appesantir sur les circonstances de détail, comme font la plupart de nos auteurs de descriptions; mais il s'attache dans ses peintures à certains traits plus saillants qu'il choisit de préférence pour exprimer son sujet d'un seul coup de pinceau, comme on fait en dessinant une tête humaine : en sorte qu'il produit sous les yeux moins l'imitation que l'objet lui-même. S'il peint une tempête : « Dieu a dit, et à l'in-« stant l'esprit de la tempête a paru : les flots se « sont soulevés; ils montent jusqu'au ciel, ils « descendent jusqu'au fond des abymes (1). » Voilà bien le mouvement des vagues soulevées; mais les nautoniers? « Ils se sont sen-« tis troublés et agités comme dans l'ivresse, « et toute leur sagesse a été renversée (2). » Je vous demande si Virgile et Homère, avec tout le luxe de leurs descriptions, ont su peindre de la sorte cette agitation des flots et des cœurs. A la fin le calme succède à l'orage : « Il a « changé la tempête en un vent doux (3). » Pou-

---

(1) *Ps.* CVI, 25, 26. — (2) *Ibid.*, 27. — (3) *Ibid.* 29.

voit-on rendre par une plus riante image le passage de cette tranquillité subite, qui remplace ce fracas des vagues mutinées, et ce silence profond, à la suite de ces effroyables mugissements de l'onde en fureur? Mais remarquez ce trait, que vous ne retrouvez que dans nos écrivains, et qui exprime si énergiquement la souveraine autorité de Dieu : « Il a dit, et la tem-« pête en personne a paru. » Ce n'est point là une Junon implorant les fureurs d'Éole, ni un Neptune gourmandant les flots dans un langage emphatique, et avec l'expression de la colère à laquelle il ne sait pas lui-même commander : tout s'exécute par un seul mot d'un absolu commandement.

Notre écrivain s'est un peu étendu dans cet endroit, parcequ'il le devoit. Ailleurs il mettra bien plus de précision, comme dans ces passages : « Le cheval trompe souvent celui qui « en attend son salut (1)... Mille tomberont à « votre gauche, et dix mille à votre droite; mais « la mort n'approchera point de vous (2). »

Cette énergique concision de nos écrivains sacrés, qui est l'écueil de tous les traducteurs, se manifeste jusque dans l'expression : « Vous

---

(1) *Ps.* XXXII, 17. — (2) *Ibid.* XC, 7.

« regardez la terre, et elle tremble; vous tou-
« chez les montagnes, il en sort des tourbillons
« de fumée (1). » Ce n'est point ici le mot qui est substitué à la chose, et voilà tout le secret de l'éloquence, c'est la chose elle-même à la place du mot. Autre exemple : « Vous leur donnez,
« ils recueillent; vous ouvrez votre main, ils
« sont remplis des effets de votre bonté; vous
« détournez votre face, ils sont troublés; vous
« leur ôtez l'esprit de vie, ils tombent dans la
« défaillance (2). » Emporté par le saint enthousiasme qui le domine si visiblement, notre prophète n'a pas le temps d'indiquer même que tout cela s'exécute à l'instant; il ne le dit pas, on le voit. Il n'embarrasse point sa marche de ces particules conjonctives qui lient le discours; il n'en réserve qu'une seule pour le dernier membre de sa période : « Et ils retournent dans
« leur poussière : » pourquoi? parceque sa pensée, s'arrêtant un peu plus sur la méditation de notre incontestable néant, amène le lecteur à conclure avec lui que tout ce qui fut créé ne possède rien véritablement en propre que sa poussière.

Quoi de plus précis et de plus profond que

---

(1) *Ps.* CIII, 32. — (2) *Ibid.* 28, 29.

ce mot : « Il tient les abymes renfermés dans « ses trésors (1) ? » Vous vous formez du monde tout entier l'image d'une vaste maison où d'éclatantes richesses sont étalées à tous les regards avec la profusion de la magnificence, tandis qu'il est certaines parties reculées où l'on en garde d'autres pour le seul plaisir des yeux du maître ou de ses amis privilégiés.

Telle est encore cette autre expression à peu près de même genre : « Il fait sortir les vents de « ses trésors (2), » qui vous découvre la prodigieuse puissance des vents enfermés dans un impénétrable secret, et comme dans le sanctuaire de la nature, d'où ils s'échappent pour manifester leurs effets par la production des nuées et des pluies, tantôt purifiant et dégageant l'atmosphère des brouillards qui l'obscurcissoient, tantôt ramassant les vapeurs sombres qui lui donnent une teinte âpre, et une sorte de majesté formidable. Je ne finirois pas si je voulois parcourir toutes les beautés de ce genre qui se rencontrent dans les Psaumes. Le peu que j'en ai dit suffira pour exciter les hommes de génie à de nouvelles méditations.

---

(1) *Ps.* XXXII, 7. — (2) *Ibid.* CXXXIV, 7.

XVIII. *Vivacité, chaleur de mouvements.*

A cette admirable brièveté se joint une vivacité, une chaleur de mouvements, qui ne laissent pas un moment languir le lecteur tant soit peu réfléchi. De là cette variété, en quelque sorte infinie, inépuisable dans les figures, et le charme continu qui en résulte; de là une succession perpétuelle de personnages et de scènes. Prenons pour exemple un seul psaume et des plus courts, celui où il s'agit de la majesté des juges et des magistrats, commençant par ces mots : « Dieu s'est trouvé dans l'assemblée des « dieux (1). » Ce début vous met sous les yeux la plus auguste assemblée. Dieu prend la parole : il ouvre la bouche pour adresser ce reproche : « Jusqu'à quand jugerez-vous injuste- « ment ? » Puis l'exhortation : « Délivrez le « pauvre, et arrachez l'indigent des mains du « pécheur. » Après que Dieu a fait entendre sa voix courroucée, le prophète se recueille en lui-même, et, pressentant combien peu les hommes seront touchés de ces paroles, il s'écrie avec chaleur : « Ils sont dans l'ignorance, ils ne « comprennent point les choses, ils marchent

---

(1) *Ps.* LXXXI, *per totum.*

« dans les ténèbres. » Voilà pour les juges iniques ; et tout de suite : « Tous les fondements « de la terre chancellent. » Sa vue perçante embrasse les résultats de la perversité des jugements ; elle se porte encore plus haut : il entend Dieu lui-même leur adresser encore ces paroles, « J'ai dit : vous êtes des dieux, » pour les rappeler à leur haute dignité ; mais aussitôt, pour prévenir l'orgueil qu'elle leur donne : « Cependant vous mourrez comme des « hommes. » Voilà bien le langage qui convenoit au grand Dieu à qui la majesté appartient en propre. Tantôt il élève, tantôt il abaisse, comme étant dépendants de son pouvoir souverain, les hommes mêmes qui sont le plus au-dessus des autres par l'éminence de leurs fonctions. A la fin le psalmiste s'adressant à Dieu : « Levez-vous, ô Dieu, jugez la terre. » Comme s'il disoit : Les jugements des hommes sont dictés par l'injustice : prononcez vous-même les jugements, puisque tous les peuples vous appartiennent, que votre empire ne connoît point de bornes. Dans ce petit nombre de versets que d'acteurs, que d'intérêts divers ! Combien d'intermédiaires supprimés ! Replacez-les, le discours devient froid. Vous reconnoissez à ces brusques élans la profondeur de la source d'où ils jaillissent avec la vive éruption de la flamme échappée du sein de la fournaise. La chaleur de l'expression est en raison de l'impétuosité des mouvements. « Arrachez « l'indigent; » il ne dit pas *délivrez*: il faut faire effort; on n'y réussit point avec de timides et froids ménagements. « Tous les fondements de « la terre chancellent; » tout autre auroit dit, Les états sont ébranlés; ici c'est le monde tout entier, c'est toute la terre secouée dans ses fondements. Mille autres passages de cette force. Qui ne les sent pas, qui peut les lire sans émotion, la nature lui a refusé une ame.

Ailleurs, car nous aimons à citer afin d'exciter le lecteur à s'exercer de lui-même à ces intéressantes études : « Seigneur, Dieu des « vengeances, Dieu des vengeances, montrez- « vous(1). » Le prophète, au moment d'accuser les crimes du genre humain, ne pouvoit commencer plus à propos que par cette apostrophe, « Dieu des vengeances, » qu'il répéte pour imprimer la frayeur. Quelle chaleur de mouvement pour toute la suite ne suppose pas un pareil début! aussi se soutient-elle, par l'expression de la surprise, dans cette interroga-

---

(1) *Ps.* XCIII, *per totum.*

tion : « Jusqu'à quand, Seigneur, les pécheurs, « jusqu'à quand les pécheurs se glorifieront-« ils dans leur orgueilleuse insolence ? » De cette source d'orgueil le prophète voit sortir et se répandre les rapines, les meurtres, la licence qui confond le sacré et le profane : « Seigneur, « ils foulent sous les pieds votre peuple ; ils ac-« cablent votre héritage. » Les coupables sont mis en scène : « Ils ont dit : Le Seigneur ne le « verra point. » Puis une argumentation pressante : « Vous qui parmi le peuple êtes des in-« sensés, entrez dans l'intelligence de la vérité ; « vous qui êtes fous, commencez enfin à devenir « sages : celui qui a fait l'oreille n'entendra « point ! » Après quoi cette exclamation : « Heu-« reux l'homme que vous avez vous-même in-« struit, ô Seigneur ! » suivie de ce mouvement d'indignation : « Qui s'élèvera pour s'unir à « moi contre les méchants ? » Ensuite revenant à lui-même : « Si je disois, Mon pied a été « ébranlé, votre miséricorde, Seigneur, me sou-« tenoit aussitôt. » Il reconnoît par là tout à-la-fois et sa propre foiblesse, et l'assistance du secours d'en haut qui vient le relever, la promptitude et l'efficacité de la protection divine. Reprenez l'ensemble de ce psaume à partir de l'exorde : apostrophe vive à Dieu, tableau des crimes des hommes, acte d'accusation, expression de l'indignation, à la fin sentiments de confiance : pas un lecteur qui ne remarque cette gradation. Rien de languissant dans le style quand le cœur est une fois aussi fortement ému.

Telle est la chaleur de mouvement qui se fait apercevoir dans les Psaumes. Nous n'avons là-dessus rien à apprendre à nos lecteurs : il suffit d'avoir des yeux pour être frappé de cette verve poétique, de ce génie lyrique, de ce sublime enthousiasme, de cette admirable succession de mouvements qui naissent les uns des autres, de cette rapidité de transitions qui caractérise ces écrits divins, et de cette véhémence continue qui en fait l'ame et le langage habituel.

XIX. *Douceur répandue dans les Psaumes.*

Toutefois cette chaleur et cette véhémence s'y trouvent balancées par une sorte de contrepoids qui empêche de s'emporter outre mesure et donne la facilité de s'arrêter sur les détails. C'est là ce qui explique les répétitions assez fréquentes dans les Psaumes comme dans toute l'Écriture, répétitions qui reproduisent les mêmes pensées dans un seul et même verset : par exemple, au psaume dix-huit, « Le son « de leur voix s'est répandu dans toute la « terre, et leurs paroles se sont fait entendre « jusqu'aux extrémités du monde(1); le Sei- « gneur ne nous a pas traités selon nos péchés, « et il ne nous a pas punis selon la grandeur « de nos iniquités (2) ; » et d'autres redondances semblables mises à dessein pour inculquer, pour faire méditer et aimer la vérité.

Observez cependant que, pour se ressembler, ces expressions ne présentent pas toujours le même sens, et ne sont pas absolument synonymes. En voici la preuve : nous lisons : « Votre « main même me conduira, et votre droite me « soutiendra (3). » Le plus léger examen suffit pour faire remarquer ici une très grande différence entre les deux termes *conduire* et *soutenir*. Ici, comme presque par-tout dans les livres saints, ce qui vient après enchérit sur ce qui a précédé, ce qui prouve le talent de l'écrivain. Telle est cette gradation où tant d'objets sont réunis en si peu de mots : « Ils ont ou- « blié le Dieu qui avoit fait de grandes choses « dans l'Égypte, des prodiges dans la terre de

---

(1) *Ps.* XVIII, 5. — (2) *Ibid.* CII, 10. — (3) CXXXVIII, 10.

« Chanaan, des choses terribles dans la mer
« Rouge (1). »

Il faudroit sur-tout connoître bien les langues sacrées, en avoir pénétré les délicatesses et l'énergie, pour se convaincre que des expressions qui semblent être les mêmes au premier aperçu ont des nuances qui les distinguent. Après tout on n'en a pas besoin pour goûter le prix qui s'attache aux diverses faces sous lesquelles une même vérité se trouve présentée, pour s'en nourrir, s'en pénétrer fortement, en faire ses délices, et en tirer profit. C'étoit ce que faisoit David quand il disoit : « Heureux sont « ceux à qui les iniquités ont été remises et dont « les péchés sont couverts ; heureux est l'homme « à qui le Seigneur n'a imputé aucun péché (2). » Une pareille méditation, ce sentiment délicat, ce goût de la vérité, est ce qu'il y a au monde de plus efficace et de plus délicieux à-la-fois ; et c'est là ce charme particulier que nous avons dit faire un des caractères des Psaumes. Car, indépendamment de cette force entraînante de mouvement dont nous avons parlé, ce livre est plein d'affections tendres auxquelles l'ame s'abandonne avec une douce ivresse, avec la

---

(1) *Ps.* CV, 21, 22. — (2) *Ibid.* XXXI, 1, 2.

plus délicieuse effusion de sentiments. Par exemple, quelle onction, quelle suavité dans ces paroles : « Mon ame, bénissez le Seigneur; « que tout ce qui est au-dedans de moi bénisse « son saint nom : c'est lui qui vous pardonne « toutes vos iniquités, et qui guérit toutes vos « langueurs (1)! » Après avoir passé en revue les bienfaits dont le Seigneur l'a prévenu, et les miséricordes toutes gratuites dont il l'a comblé, « Il ne nous a pas traités, poursuit-il, selon « nos iniquités : » fondement de sa confiance : « Autant le ciel est élevé au-dessus de la terre, au-« tant le Seigneur a-t-il affermi la grandeur de « sa miséricorde sur ceux qui le craignent. » Il n'est plus question de ses péchés ; ils sont aussi loin de sa pensée *que l'orient l'est du couchant.* Quelle est la mesure de son indulgence? « De « même qu'un père a une compassion pleine « de tendresse pour ses enfants. » Rien n'est oublié de tout ce qui peut faire sentir et qu'il est aimé de Dieu, et qu'il lui rend amour pour amour. Ne pourrois-je pas m'écrier, et avec plus de raison que ce poëte d'autrefois : C'est encore toute la flamme de l'amour; toujours vivante, la harpe de David retentit encore dans

---

(1) *Ps.* CII, 1, 3, etc.

nos sacrés cantiques, exhalant les vives ardeurs du divin amour? De là cette onction céleste dont nous nous sentons pénétrés en les lisant, onction qui transpire jusque dans le langage embarrassé et à demi barbare de nos versions modernes; il est impossible de s'en défendre: il semble que l'on va prendre la lyre de David et faire chœur avec lui pour chanter: « Il est « bon de louer le Seigneur, et de chanter à la « gloire de votre nom, ô Très-Haut! pour an- « noncer le matin votre miséricorde, et votre « vérité durant la nuit, sur l'instrument à dix « cordes joint au chant, et sur la harpe(1). » Mais quelle douce extase, et comme elle se communique quand il s'écrie: « Je chanterai les « louanges du Seigneur tant que je vivrai: que « les paroles que je profèrerai en son honneur « puissent lui être agréables! Pour moi, je trou- « verai ma joie dans le Seigneur(2). » Il faudroit transcrire le livre entier, si je voulois mettre sous les yeux du lecteur tout ce qui ressemble à ce que j'en ai cité. Combien donc saint Ambroise n'avoit-il pas raison de dire, et c'est par les paroles de ce grand archevêque que je finis: « Le livre des Psaumes est le charme de

---

(1) *Ps.* XCI, 2, 3, 4. — (2) *Ibid.* CIII, 33, 34.

« tous les âges et de tous les sexes! Les maîtres
« du monde comme les peuples aiment à faire
« retentir le chant des Psaumes ; on les chante
« près du foyer domestique, dehors on les ré-
« pète. Un psaume dissipe les frayeurs de la
« nuit, et délasse des travaux de la journée. Les
« échos des rochers répètent le chant des Psau-
« mes, et les cœurs qui en ont la dureté s'amol-
« lissent aux accents de la lyre du prophète.
« Nous en avons été les témoins ; nous avons vu
« des ames jusque-là inaccessibles à la pitié se
« laisser attendrir par nos sacrés cantiques.
« Dans ce divin livre se rassemble tout ce qui
« instruit, tout ce qui plaît. On chante par goût
« pour le chant, on apprend pour s'instruire,
« et l'on n'oublie guère ce que l'on a eu du plai-
« sir à confier à sa mémoire (1). »

---

(1) *Præfat. in Psalm.*

CHAPITRE III.

Des différentes espèces de Psaumes.

XX. Divers genres de Psaumes : pourquoi.

Les Psaumes peuvent se partager en différentes classes : il y en a de moraux, ceux qui exhortent au bien ; d'autres appelés *imprécatoires;* d'autres qui sont des prières. Il y en a qui sont historiques, d'autres des prophéties (1). Dans tous, l'onction est unie à la majesté, mais particulièrement dans les psaumes de morale, où dominent sur-tout le poids des sentences, l'autorité de maître, et la gravité du langage. Vous auriez plus tôt fait de compter les étoiles du firmament que les sentences dont ce livre abonde. Bornons-nous à quelques unes : « Ceux « qui mettent leur confiance dans le Seigneur « sont inébranlables comme la montagne de « Sion (2), » que son élévation met à l'abri de

---

(1) Saint Augustin confond tous les Psaumes sous la dénomination générale de prophéties. (*De Civ. Dei*, lib. XVII, cap. XIV, col. 477.) — (2) *Ps.* CXXIV, 1.

toute insulte. « Heureux l'homme qui a l'intel-
« ligence sur le pauvre(1).... Les yeux du Sei-
« gneur sont attachés sur les justes(2).... Ne
« vous laissez point aller à une mauvaise ému-
« lation pour imiter les méchants. » Dans ce
psaume autant de sentences que de mots: remarquez celles-ci : « Un bien médiocre vaut
« mieux au juste que les grandes richesses des
« pécheurs.... Le pécheur empruntera et ne
« paiera point; mais le juste est touché de com-
« passion, et fait charité aux autres(3). » Voulez-
vous entendre le législateur ? « Écoutez ma loi,
« ô mon peuple, et rendez vos oreilles atten-
« tives aux paroles de ma bouche(4).... Venez,
« mes enfants, écoutez-moi, je vous enseignerai
« la crainte du Seigneur(5).... Peuples, écoutez
« tous ceci (6). »

Ce n'est plus au seul peuple de Dieu que
l'oracle s'adresse, mais à tous les peuples du
monde, dont le Seigneur est également le souverain; et pour faire reconnoître son empire,
« Dieu a dit au pécheur(7), » d'une manière
générale. Ce ton est accompagné de la gravité

---

(1) *Ps.* XL, 2. — (2) XXXIII, 16. — (3) XXXVI, 1, 16,
21. — (4) LXXVII, 1. — (5) XXXIII, 12. — (6) XLVIII,
2. — (7) XLIX, 16.

du langage, pour rendre telle vérité plus sensible en l'armant comme d'aiguillons qui l'enfoncent plus avant dans l'esprit.

Les psaumes que nous rangeons parmi les prières respirent une foi vive, nos vertus du premier ordre, et sur-tout l'humilité : témoin ces versets, « Notre ame est humiliée jusqu'à « la poussière, et notre ventre est comme collé « à la terre (1).... Mon ame a été comme attachée « à la terre (2); » et cent autres de cette sorte.

Nous appelons psaumes historiques les récits des événements anciens, tels que les psaumes soixante-dix-sept et cent quatre (3); ou d'événements contemporains, tels que le cinquantième (*Miserere*), composé par David après que Nathan fut venu lui reprocher son double crime. Le dessein de l'auteur, en n'indiquant point les noms, et en n'insistant pas sur les circonstances particulières, relatives à lui-même ou à d'autres, a été, je crois, que ces psaumes

---

(1) *Ps.* XLIII, 25. — (2) CXVIII, 25.

(3) Le premier est le récit de tout ce que le Seigneur avoit fait pour amener au trône la maison de David : l'autre raconte l'histoire de Joseph; l'abbé Fleury en fait une belle exposition dans son Discours sur la poésie des Hébreux, au tome VI de la Bible de Vence, page 104.

pussent s'approprier plus aisément à l'universalité de ceux qui en feroient usage.

Dans la classe des psaumes où les anciens événements sont racontés, les principaux sont les soixante-dix-septième, cent quatre et cent cinq. Un point important à remarquer, c'est le cours de la narration qui ne se traîne pas sur les détails, mais ne s'arrête qu'à l'essentiel, se proposant un objet déterminé à quoi tout le reste se rapporte, et ne manquant pas de semer çà et là des traits propres à éclaircir l'histoire, à instruire le lecteur, à intéresser son cœur, à le conduire, comme par la main, au but desiré : ce que nous aurons soin d'observer dans notre travail sur l'explication de chacun des Psaumes.

Nous appelons *prophétiques* ceux qui annonçoient à l'avance Jésus-Christ ou l'Église, ou tels autres événements futurs (1). Il en est de deux sortes : les prophétiques proprement dits, ou ceux qui concernent Jésus-Christ seul ; et les mixtes, qui se divisent encore en deux classes : ceux où le prophète, après avoir d'abord parlé de lui-même, change tout-à-coup d'objet, et envisage le Messie à venir ; et ceux

---

(1) Voyez à la suite de cette dissertation la note qui concerne Grotius.

où, parlant de lui-même sous la figure du Messie, il raconte diverses particularités qui ne peuvent bien s'entendre que de Jésus-Christ. Nous en ferons l'application dans notre commentaire.

CHAPITRE IV.

De la profondeur et de l'obscurité des Psaumes.

XXI. Causes de l'élévation des Psaumes : la première, l'élévation des sujets.

Il y a dans les Psaumes une prodigieuse profondeur, que l'on peut attribuer à diverses causes. La première tient à la manière dont le Seigneur s'énonce communément dans les saintes Écritures. Telle est la sage disposition de l'Esprit saint, que ses paroles n'offrent pas seulement un aliment, mais un exercice à l'esprit, comme parle S. Augustin (1), d'où vient qu'indépendamment du sens qui se présente

---

(1) *Epist.* CXXXVIII, *ad Volus.*, l'un des plus beaux ouvrages du saint docteur, où la question de l'obscurité des Écritures n'est traitée qu'accessoirement,

naturellement, l'on en peut découvrir d'autres cachés plus avant. Est-il, en effet, rien de plus clair que ces paroles : « Venez à mon aide, ô « mon Dieu! hâtez-vous, Seigneur, de me secou-« rir (1). » Et l'on va voir comment, en fouillant et creusant, pour ainsi dire, ces mêmes paroles, on peut, avec un saint abbé dans Cassien (2), y découvrir un riche trésor d'instruction. « Ce simple verset, dit-il, convient admira-« blement à tous les états et à toutes les tentations « différentes auxquelles nous sommes exposés « en cette vie; on y voit l'invocation de Dieu « contre toute sorte de dangers, l'humilité d'une « sincère confession, la vigilance que pro-« duit une frayeur et une crainte continuelle, « la considération de notre fragilité, l'espérance « d'être exaucé, et une confiance toute chré-« tienne en la bonté de Dieu, qui est toujours « prêt à nous secourir. Car celui qui invoque « sans cesse son protecteur se rend dès-là un té-« moignage assuré qu'il lui est toujours présent. « Enfin, on y voit le feu d'un amour divin, une

---

mais qui présente sur l'ensemble de la religion les aperçus les plus lumineux.

(1) *Ps.* LXIX, 2.
(2) *Cont.* X, chap. IX de la traduction de Saligny (nom supposé), page 415, édit. de Paris 1665.

« humble appréhension des piéges qui nous en-
« vironnent, une crainte des ennemis qui nous
« assiégent nuit et jour, et dont l'ame recon-
« noît qu'elle ne peut se délivrer que par le se-
« cours de celui qu'elle invoque. »

Ce qu'il ajoute, et qu'on peut voir dans l'ouvrage même, donnera la plus haute idée de cette inépuisable fécondité. Mais cette profondeur qui appartient à tous les Psaumes, ce n'est pas au travail du commentateur qu'il en faut demander le secret; c'est la piété, c'est la ferveur de la méditation qui l'obtiennent.

XXII. La seconde, la prophétie; la troisième, l'enthousiasme poétique.

Cependant cette profondeur ne nuit pas à la clarté. Ce n'est point là l'obscurité qui arrête dans les autres endroits, où la majesté du Seigneur rend ses oracles du fond de la nue dont elle s'enveloppe : profondeur qui augmente encore le caractère de la prophétie, l'*esprit prophétique pénétrant tout,* dit S. Paul, *et même ce qu'il y a de plus caché dans la profondeur de Dieu* (1), et dévoilant l'avenir par des aperçus

---

(1) *I. Cor.* II, 10.

qui ne se découvrent que par un sérieux examen, et par la voie de l'analogie. Ajoutez à ces causes l'enthousiasme poétique, la sublimité des sens, la véhémence des mouvements, la concision du style, et ces jets de lumière, rapides comme l'éclair, qui éblouissent les vues communes, enfin ce ton particulier à l'ode sacrée, qui s'échappe, s'emporte, s'élance dans la région la plus élevée, passe brusquement d'une chose à une autre, sans indiquer sa marche précipitée. Nos poëtes inspirés, quand ils font parler le Seigneur, ne se font pas toujours une loi d'en prévenir le lecteur par ces mots, *Ainsi parle le Seigneur*, ou bien, comme il arrive de le rencontrer dans quelques psaumes, *Le Seigneur a dit au pécheur;* ils ne le font que dans les occasions où il est besoin de réveiller fortement l'auditeur endormi et languissant(1). Le plus communément ils se pas-

---

(1) Cette obscurité des Écritures tient aussi beaucoup au langage de l'inspiration, et au caractère de la langue. « L'inspiration, qui n'étoit pas également impé-
« tueuse, dit avec beaucoup de sagesse M. de Pompi-
« gnan, et qui avoit plus ou moins de force selon qu'il
« plaisoit à Dieu de l'augmenter ou de la modérer,
« remplissoit tellement les prophètes et les écrivains
« sacrés, que les mots ne pouvoient dans leur bouche

sent de ces formules, pour ne point ralentir la rapidité de leur course ; car ils veulent une attention soutenue, capable par elle-même de goûter et de sentir les choses : ce qui tient au genre de langage que nous nommons véhément et pathétique, lequel franchit tous les intermédiaires, et n'admet point les redondances de paroles qui gêneroient son essor. Le lecteur attentif, accoutumé à la méditation, gagne à cette méthode, qui lui prête une nouvelle ardeur : les cœurs froids et rampants ne la soutiennent point ; elle les écrase.

« marcher de front avec les choses, sans un désordre « visible, et sans des omissions fréquentes de plusieurs « parties du discours. On le remarque même dans les « ouvrages de saint Paul, et c'est à la véhémence de « l'action surnaturelle qui entraînoit son cœur et sa « plume qu'on doit attribuer ces lieux difficiles à en- « tendre, dont parle saint Pierre. » (*Disc. prélim. des odes sacrées*, pages 14, 15, édit. in-4°.) Et voilà tout le fondement du système des PP. capucins auteurs des *Principes discutés*, que l'on a tant critiqué, mais qui n'est autre que celui de notre sainte antiquité tout entière. Saverio Mattei a jeté un grand jour sur la question, dans ses savantes recherches et ses heureuses découvertes pour l'interprétation des livres poétiques de l'Écriture : il a développé ce que Bossuet indique dans ce chapitre.

XXIII. Autre cause : le caractère de l'idiome.

Quant à l'obscurité qui se remarque dans les Psaumes, elle tient le plus souvent au génie et à la brièveté de la langue hébraïque. Pour peu que l'on étudie le caractère des nations, on observe qu'il en est des idiomes comme des peuples eux-mêmes, plus lents, ou plus vifs, et plus mobiles. L'Hébreu, l'Arabe, et autres habitants des contrées où le soleil darde ses feux brûlants, expriment leurs pensées avec chaleur, par les gestes et les mouvements bien plus que par des mots, et par de fréquentes ellipses. De là, dans le livre de Job et dans nos Psaumes, l'obscurité qui en rend la lecture si embarrassante ; défaut qui ne doit point être mis sur le compte de la langue elle-même : cela vient de ce qu'étant la plus ancienne du monde, et n'étant plus parlée depuis plus de vingt siècles, il est devenu difficile de la bien entendre, vu qu'il échappe une foule de sens que l'usage habituel rendoit autrefois familiers ; que l'acception propre d'un grand nombre des termes qui la composent, et la signification des particules, si importantes dans le discours, n'étant plus connues avec précision, jettent dans la phrase une sorte de décousu et d'embarras. La haute antiquité de cette langue originale ne lui permettoit pas de s'enrichir de nouveaux perfectionnements propres à la façonner et à la polir, comme les idiomes modernes, entés sur les anciens. Si c'est là un témoignage des plus respectables en faveur de l'antiquité et de l'autorité de nos livres saints, il étoit impossible qu'il n'en résultât point une prodigieuse difficulté, et presque insurmontable, pour les expliquer, ainsi que l'on peut le conclure de cette variété presque incalculable, je ne dis pas seulement de commentaires, mais même d'interprétations auxquelles ils ont donné lieu, sous le seul rapport grammatical, dont la recherche a exercé les plus beaux génies (1).

---

(1) Le P. Lelong de l'Oratoire, dans sa *Bibliothèque sacrée*, publiée au commencement du dernier siècle, en compte plus de six cents.

CHAPITRE V.

Du texte original et de ses versions.

XXIV. Avis nécessaire: les différences qui se rencontrent dans les leçons et les versions n'empêchent pas que ce ne soit par-tout la même substance dans les choses et la doctrine. Règles quant au texte et aux versions: première règle.

Pour n'être point arrêté par ces difficultés, que faut-il faire? Établissons quelques principes: d'abord, que les diversités dans les explications n'intéressent nullement la foi ni les mœurs(1), vu que le texte original et les versions accréditées par l'Église, conséquemment notre vulgate, présentent uniformément le même fond de doctrine, jusqu'à un iota; qu'ils se réunissent pour fournir une égale autorité, tant pour la réfutation de l'erreur, que pour

---

(1) On voit que Bossuet avoit présente à la mémoire la solennelle déclaration qui en fut faite au concile de Trente par André Véga, l'un de ses plus doctes théologiens, et qui fut ratifiée par le concile même (*Sess.* IV, pag. 23, *edit. Colon.* 1644).

l'enseignement et le maintien du dogme; qu'ils sont également d'une autorité irréfragable, et respirent la véritable piété. C'est pourquoi lorsqu'il nous arrive à nous, comme à ceux qui nous ont précédé dans ce travail, de recourir soit au texte hébreu, soit aux autres versions, la préférence donnée à l'un ou à l'autre est sans conséquence pour le fond et ce que l'on appelle la substance des choses. Point d'autre intention que d'éclaircir ou de confirmer la vérité; d'y découvrir d'autres sens plus satisfaisants; de mieux assortir l'ensemble par le concert de toutes les parties : observation importante pour empêcher toute équivoque, et peut-être des préventions calomnieuses.

Ce fondement posé, nous établissons deux régles quant au texte original et à ses versions : la première, c'est que qui veut s'attacher au sens littéral doit recourir à la source même, c'està-dire à l'hébreu, à quoi pas un des saints n'a manqué, témoin Théodoret et saint Jean Chrysostome, comme on le voit à chaque page de leur commentaire. Saint Jérôme étoit si fort porté pour la *vérité hébraïque* (1), qu'après la

---

(1) Expression familière à ce saint docteur pour marquer l'original hébreu. Ce mot est devenu en quel-

version des septante, bien que consacrée par l'usage de l'Église universelle, et par l'emploi qu'en font Jésus-Christ dans son Évangile et les apôtres dans leurs épîtres (1), il crut devoir encore, au quatrième siècle de l'Église, publier une nouvelle version de l'Écriture d'après l'hébreu, dont les Juifs eux-mêmes, au rapport de saint Augustin, ont reconnu la parfaite exactitude (2). Ce mérite fut si universellement reconnu, que l'Église latine tout entière, même l'Église romaine, la maîtresse et la mère de toutes les Églises, assurée qu'elle étoit de sa conformité avec le texte hébreu, finit par la préférer, malgré sa nouveauté, à son ancienne version italique, appelée par excellence la Vulgate et

---

que sorte sacramentel. Houbigant, dès le titre de sa version des Psaumes : *Versio nova ad hebraicam veritatem facta*, Paris 1755.

(1) Saint Augustin : « Ego, pro modulo meo vestigia « sequens apostolorum, quia et ipsi ex utrisque, id est « ex Hebræis et ex septuaginta, testimonia prophetica « posuerunt, utrâque auctoritate utendum putavi, quo- « niam utraque una atque divina est. » (*De Civ. Dei*, lib. XVIII, cap. 44.) Voyez Duguet, *Conf. ecclés.*, t. I, pag. 241.

(2) Saint Augustin, *de Civit. Dei*, libr. XVIII, cap. 44 : « Ejus tam litteratum laborem, quamvis Judæi fa- « teantur esse veracem. »

la Commune (comme étant la plus célèbre et la plus communément suivie), et l'adopta pour tous les livres de l'Écriture, à l'exception du Psautier (1), peut-être pour la raison que nous indiquerons par la suite. Il arriva alors ce que saint Augustin n'avoit pu prévoir, que

---

(1) « Bossuet a placé (dans son commentaire) à côté « de la Vulgate la version des Psaumes que saint Jé- « rôme a travaillée avec tant de soin, et que l'Église la- « tine auroit adoptée, comme elle a adopté la version « que ce père a faite des autres parties de l'Écriture, si « les peuples de l'Église d'Occident n'eussent pas déja « été accoutumés à l'ancienne version italique. » (M. de Bausset, *Vie de Bossuet*, liv. V, tom. 2, pag. 12.) Cette ancienne version italique est celle dont l'usage s'est maintenu constamment jusqu'à nos jours, et que l'Église a consacrée par le suffrage des pères du concile de Trente. (Voy. la préface de Ferrand sur les Psaumes, pag. 22; le card. Bona, *De reb. liturg.*, lib. II, cap. III, pag. 298, ed. Rom. 1671.) Il y a de justes raisons de croire que le Psautier aujourd'hui adopté dans toutes les liturgies est la première version que saint Jérôme en avoit faite à la prière des saintes Paule et Eustochium, et que le pape Damase fit chanter dans les églises des Gaules, et qui lui avoit fait donner le nom de *Psautier gallican* pour le distinguer de l'ancien, connu sous le titre de Psautier romain. (Manusc. Sorbon., n. 2783, apud Martianæum, tom. I, nov. edit. S. Hieron, pag. 1220. Ferrand, *Præf. in Ps.*, pag. 57. D. Calmet, *Dissert.*, tom. VI, pag. 63.)

les diverses Églises de Jésus-Christ, accoutumées à ne parler que la langue latine, préférèrent aux septante le travail d'*un seul homme*(1), à savoir de saint Jérôme. Rome, et avec elle toute l'Église latine, ne fit point de difficulté de lire les Écritures autrement que n'avoient fait un saint Luc, un saint Paul, et les autres écrivains sacrés, suivis en cela par tous les premiers siècles chrétiens. Il n'est pas nécessaire d'en apporter les preuves : ce seroit affecter une érudition déplacée dans une matière que personne ne conteste. Quelques différences, peu essentielles, n'arrêtèrent point l'Église latine; elle savoit qu'il n'y avoit rien là qui compromît la doctrine. Saint Augustin lui-même, bien que déclaré en faveur des septante, au point de leur accorder l'inspiration des prophètes (2), n'en reconnoissoit pas moins dans l'hébreu le

---

(1) Nullus eis (septuaginta interpretibus) unus interpres debuit anteponi. (*De Civ. Dei*, lib. XVIII, cap. XLIII, tom. VII, pag. 525, ed. Bened.)

(2) « Spiritus enim qui in prophetis erat, quando illa « dixerunt, idem ipse erat etiam in septuaginta viris, « quando illa interpretati sunt. » (*De Civ. Dei*, lib. XVIII, cap. XLIII.)

Saint Jérôme ne va pas si loin : bien qu'il ne leur refuse pas une sorte d'inspiration divine, *Spiritu sancto*

caractère de prophétie et d'intégrité, dans les endroits mêmes où il s'éloignoit du grec (1). J'ajouterai que le saint docteur, tout prévenu qu'il étoit contre la version de saint Jérôme, à cause de l'autorité des septante, finit, dans ses livres de la Doctrine chrétienne, où il établit les règles de la critique pour l'interprétation des livres saints, par s'arrêter à cette formelle déclara-

---

pleni (Præf. lib. Deuter., ad Domnion. et Rogation.), il réduit son opinion à des termes qui conservent à l'ouvrage des septante la haute estime et l'autorité dont il a joui constamment : *Quid igitur damnamus veteres? Minimè.* (Præf. in Pentat. ad Desider.) Et ailleurs, d'une manière bien plus décisive : *Post septuaginta nihil in sacris litteris potest immutari vel perverti.* (Præf. in evangel.) D'où il concluoit : *Jure obtinuit in ecclesiis, vel quia prima est, et ante Christi facta adventum, vel quia ab apostolis, in quibus tamen ab hebraico non discrepat, usurpata.* (Epist. CI, ad Pammach., tom. IV, col. 255.) Sur quoi l'on peut consulter les *Dissertations préliminaires* de Dupin sur la Bible, tom. I, pag. 467 et suiv.; les *Prolégomènes* de Watton; les *Conférences ecclésiastiques* de Duguet, etc.

(1) Si igitur, ut oportet, nihil aliud intueamur in scripturis illis « nisi quid per homines dixerit Dei spi-« ritus, quidquid est in hebræis codicibus, et non est « apud interpretes septuaginta, noluit ea per istos, sed « per illos prophetas, Dei spiritus dicere. » (*De Civ.* sup., col. 526.)

tion, que l'on ne doit s'engager à expliquer l'Écriture, qu'au préalable on ne se soit rendu familières les langues originales; qu'il faut donc indispensablement connoître à fond, avec l'hébreu et le grec, les versions déja publiées dans la langue où l'on écrit; qu'il faut recourir à ces langues mères dans lesquelles l'Écriture et ses interprétations ont été publiées (1); que, faute de

---

(1) « Contra ignota signa propria magnum remedium « est linguarum cognitio, hebræa scilicet et græca, ut « ad exemplaria præcedentia recurratur.... ILLARUM « LINGUARUM EST COGNITIO NECESSARIA. » (S. Aug., *De doctr. christ.*, lib. II, cap. XI et seq., col. 25 et seq.)

Pas un écrivain, pas un lecteur de bon sens, qui ne suppose la connoissance approfondie des langues savantes, comme préliminaire indispensable à la traduction des livres saints. Guarin : « Pour l'intelligence « des livres saints, la connoissance de l'hébreu est non « seulement utile, mais nécessaire. » (*Præf. gramm. hebr.*, sect. I, tom. I, pag. 4.) D'où les savants auteurs des *Principes discutés* concluent avec raison : « L'étude « d'un interprète des livres saints est donc de la plus « vaste étendue. » (*Observ. prél. de la trad. des Psaumes*, pag. 15, Paris, 1762.) Ce principe se trouve établi également par l'autorité et par l'expérience. « On risque « toujours quelque chose en traduisant en langue vul- « gaire des livres de cette conséquence. » (D. Calmet, *Bib.*, tom. I, pag. 104.) Pourquoi ? Saint Augustin en donne la raison : c'est que le traducteur, à moins d'être

savoir ces langues, il faut au moins pâlir sur

profondément instruit, *si non sit doctissimus*, est sujet à s'éloigner du sens de son original, et par là à donner dans les écarts les plus préjudiciables à la saine doctrine. (*De doct. christ.*, lib. II, cap. XIII, col. 26.) On a pu se contenter au commencement, et dans l'Église latine seulement, des traductions faites d'après le grec, parcequ'alors peu de personnes étoient en état de recourir aux sources. Indifférent sur l'élégance du style dont Jésus-Christ et ses apôtres n'avoient pas eu besoin pour convertir l'univers, on ne pouvoit l'être quant à l'exactitude. Et parceque, selon l'expression même de saint Augustin, *le premier venu*, avec quelques mots de grec et de latin, s'aventuroit à publier sa version de l'Écriture : *Ut enim cuique primis fidei temporibus in manus venit codex græcus, et aliquantulum facultatis sibi utriusque linguæ habere videbatur, ausus est interpretari* (sup. cap. XI, col. 25); parceque le texte primitif avoit fini par devenir méconnoissable par les altérations de toute espèce qui s'y étoient introduites, Origène et saint Jérôme se crurent obligés de publier leurs immenses travaux sur l'Écriture; mais aussi étoient-ce des hommes consommés dans la science des langues saintes. Encore ce dernier « ne s'est-il pas beaucoup mis en « peine du choix des paroles, pourvu qu'il expliquât « clairement le sens du texte; il le déclare en plus d'un « endroit. » (D. Calmet, *ut supr.*, pag. 109.) Depuis ces doctes interprètes, tous les siècles chrétiens se sont montrés également rigoureux sur ce point. Par-tout, à la suite des noms et des travaux qui se rattachent à cette noble étude, vous voyez les épithètes les plus hono-

les explications qu'en ont faites les savants qui

rables: *Linguarum hebraicarum et græcarum peritissimus.* Parlant de l'un d'entre eux à qui la littérature sacrée a en effet de grandes obligations (Vatable), Robert Étienne s'exprimoit en ces termes : « *Est ille, præter* « *multarum rerum cognitionem, summo et acutissimo ju-* « *dicio præditus, in his præsertim quæ ad germanam et li-* « *beralem Bibliorum interpretationem pertinent.* » (Robert. Steph. Lectori, in Bibl. à se anno 1580 excusis.) Ces derniers mots désignent bien que l'on ne concevoit pas alors la témérité qui eût osé s'engager dans une pareille entreprise sans avoir un grand fonds de connoissances analogues. « Un tel travail étonne, a dit un savant mo- « derne; il effraie, et l'on a besoin de s'armer d'un cou- « rage à toute épreuve pour ne pas se laisser rebuter « par les difficultés. » (L'abbé de Villefroi, Introduct. aux *Principes discutés,* tom. I, pag. 5.) Mais il est impossible de s'en affranchir: la preuve, c'est que ses élèves étoient les premiers à s'y assujettir. « C'est, leur « disoit-il, par les observations que vous avez ou mises « par écrit ou retenues par mémoire, que vous êtes « venus à bout de faire une version suivie des ouvrages « les plus difficiles de l'original hébreu; et pour cela « vous avez comme partagé entre vous les langues sui- « vantes pour en faire l'objet de votre étude, le grec, « l'hébreu, le chaldéen, le syriaque, l'arabe, l'armé- « nien, l'éthiopien. » (*Lettres à ses élèves,* tom. I, pag. 7, 8.)

Il est vrai qu'avec d'aussi laborieuses études, et la gravité de mœurs qu'elles supposent, on ne se hasardera pas à produire sitôt au grand jour ses jeunes prose sont scrupuleusement asservis à la lettre.

ductions; mais on laissera à son génie le temps de mûrir et de se féconder par la méditation. On ne revêtira point d'une parure mondaine et d'une broderie orientale l'expression antique et simple de nos textes sacrés; on n'éblouira point un certain vulgaire par de fastueuses annonces et des approbations adulatrices; mais si l'on est entraîné vers ces sortes de travaux par une vocation réelle, on préparera dans l'ombre de la retraite un ouvrage solide, vraiment durable, et aussi utile à la religion qu'à cette littérature sacrée que l'on peut approfondir, jamais épuiser.

Ne pourroit-on pas en outre observer qu'ici la profession doit être en harmonie avec le caractère du travail? Dépend-il toujours des laïques d'avoir cette science *propre du sanctuaire* (*Ezech.* XLV, 4), cette doctrine de l'Esprit saint (*Loquimur non in doctis humanæ sapientiæ verbis, sed in doctrinâ spiritûs*, comme dit saint Paul, *I. Cor.* II, 13), qui fait que « tous ne sont pas « apôtres, tous ne parlent pas plusieurs langues, tous « n'ont pas le don de les interpréter. » (*I. Cor.* XII, 28, 30.) *Quid Athenis et Hierosolymis?* L'arche sainte ne permet guère à la main d'Oza de la toucher, même pour la soutenir.

Dira-t-on qu'elle fût tombée au pouvoir des Philistins? Non certes; bien loin de là, elle avoit parmi nous d'assez illustres décorations et les seules qui convinssent à sa majesté auguste; c'est-à-dire que nous avions les belles traductions de Sacy, de Carrières; et les approbations de tout l'épiscopat françois témoignoient bien qu'on ne lui desiroit pas d'autres richesses. Com-

Conséquemment à ces principes, notre docte et saint évêque, voulant justifier l'élégance et

---

bien d'orages saint Jérôme n'eut-il pas à essuyer dans son temps pour la nouveauté de son travail, quoiqu'il fût prêtre! Sa version finit par triompher; une partie de son travail lui avoit été commandée par le pape Damase, l'autre par des considérations plus impérieuses qu'une vaine spéculation de gloire humaine. Quand Léon voulut faire réformer, non traduire de nouveau, cette même version du saint docteur, il ne s'adressa point à des laïques, mais à un savant religieux consommé dans la science des saintes Écritures, qui s'occupa exclusivement durant près de trente années du travail qui lui avoit été imposé, et mérita les solennelles approbations de trois souverains pontifes, Léon X, Adrien VI, et Alexandre VII. (Echard. *Script. ordin. Prædicat.*, tom. II, pag. 114.) Quand après lui Castalion (Sebast. Chatillon) se fut mis en tête de composer une traduction *bien latine* de la Bible, donnant (c'est l'expression de tous les critiques) un tour profane aux livres sacrés, il y eut une réclamation générale jusque dans son parti: « On ne reconnut plus dans sa « version, dit Dupin, cette noble simplicité, cette gran- « deur naturelle, cette force infinie que l'on voit dans « les originaux et dans les autres versions : son style « parut affecté, efféminé, chargé de faux ornements, « en un mot entièrement profane, et indigne du sujet « qu'il traite. » (*Dissert. prélim. de la Bible*, tom. I, IIe part., pag. 681.) Luther qui l'avoit précédé dans cette entreprise, en voulant donner à sa nation une *version plus élégante* que celles connues avant lui en

l'énergie de style de nos livres saints par un long passage de la prophétie d'Amos, cite d'a-

---

Allemagne, n'avoit pas mieux réussi, au jugement même de ses compatriotes.

C'étoit à la faculté de théologie et à l'évêque qu'il appartenoit d'approuver ou de censurer ces sortes d'ouvrages. René Benoît avoit fait paroître une nouvelle traduction de l'Écriture en 1566. La faculté de théologie prononça contre son livre une censure solennelle. Le pape Grégoire XIII approuva la conduite de la faculté, et confirma sa sentence par une condamnation du livre portée en 1677. Pourtant René Benoît étoit prêtre, docteur en théologie, curé de Saint-Pierre-des-Arcis, professeur en théologie au collège de Navarre. René se soumit.

« Lisons, écoutons les paroles de la Vérité éternelle, « telles qu'elle les a fait entendre au monde, non pas « avec la pompe stérile d'une éloquence mondaine qui « recherche les applaudissements des hommes, mais « avec la simplicité qui en fait le plus bel ornement. » (Santes Pagnin, *in Prolegom. Bibl.*, édit. Vatable, *ad append.*, pag. 29.)

Ce qui est vrai de toute l'Écriture semble l'être plus encore à l'égard des Psaumes en particulier, dont le grand saint Athanase a dit : *Ne quis ea sæcularibus verbis, quâdam eloquentiæ specie ductus, ornare aggrediatur, neque conetur quisquam dicta transponere aut ullatenùs immutare; sed sine ullo artificio, prout dicta sunt, et recitet et psallat.* (*Epist. ad Marcell.*, tom. II, édit. Montfaucon, pag. 1001.)

Au dix-septième siècle, un écrivain qui n'est plus

près la version de saint Jérôme, qu'il rapporte mot pour mot telle qu'elle se lit dans notre vulgate (1).

Je conclurai donc, d'après les saints Pères, qu'il y a dans le texte hébreu quelque chose de plus franc et de plus authentique; de plus, que ce même texte n'a subi aucune altération notable depuis le temps de saint Jérôme et de

---

connu que par l'arrogance de ses prétentions, et le ridicule dont on les couvrit du vivant même de l'auteur, proposa « à tous les rois et princes chrétiens de l'Eu- « rope une traduction nouvelle des livres saints, avec « l'explication des lieux les plus difficiles. » Une princesse illustre en fut un moment la dupe; bientôt le masque tomba, et Meibomius n'eut, pour échapper au mépris du public, que la ressource de la satire.

Le saint concile de Trente avoit sagement ordonné que, pour mettre un frein à la cupidité, ainsi qu'à une téméraire liberté d'innover qui se croit tout permis, *qui jam sine modo, hoc est, putantes sibi licere quidquid libet*, pas une édition, pas un commentaire, ou traduction des livres saints, n'osât paroitre sans une autorisation formelle, authentique, rendue publique, de l'évêque et de théologiens recommandables, et cela sous des peines sévères. (*Sess.* IV, pag. 24, *edit. Colon.* 1644.) Que M. Genoude produise, s'il le peut, un semblable titre.

(1) *De doct. christ.*, lib. IV, cap. VII; Fénélon, *Dial. sur l'éloq.*, pag. 174, édit. de Paris 1780.

saint Augustin, ce dont presque tous les savants tombent d'accord (1), à la réserve du dix-septième verset du psaume XXI dont nous parlerons ailleurs (2). Nous avons donc pour y recourir le même droit que nos pères, et nous sommes fondés à répéter avec saint Jérôme : « Il faut lire les Psaumes comme on le fait dans « l'Église, et pourtant ne pas ignorer ce que « contient la vérité hébraïque, et mettre de la « différence entre ce qu'il faut chanter dans l'é- « glise par respect pour l'antique usage, et ce « qu'il faut bien connoître pour avoir l'intelli- « gence de l'Écriture (3). »

XXV. Autre règle : consulter les anciennes versions.

Il n'est pas moins nécessaire de consulter les versions anciennes. On y voit, par les anciennes

---

(1) Ceci a été amplement discuté par Dupin, *Dissert. sur la Bible*, tom. I, pag. 467 et suiv.; Dom Calmet, *Dissert.* du premier vol. de la Bible de Vence, pag. 83.

(2) Dans les notes sur ce psaume, à l'occasion du verset *foderunt manus meas et pedes meos*, à quoi les Juifs ont substitué les mots *sicut leo*, qui n'ont aucun sens. On peut voir à ce sujet la Dissertation particulière qui se trouve au tome VI de la Bible de Vence, pag. 181 et suiv.

(3) *Epist.* XI, *ad Sunniam et Fretell.*, tom. I, novâ ed., pag. 626.

leçons, qu'il s'étoit glissé, à la longue, dans le texte primitif des choses dont on n'étoit pas sûr. Nul doute qu'il ne s'y rencontre des fautes de copistes, quelques omissions importantes; par exemple, dans le psaume CXLIV, du nombre des acrostiches (1), il manque à l'hébreu un verset entier (2), qui se trouve suppléé dans les versions grecques et latines.

Ajoutons que, pour bien déterminer la valeur des mots hébreux dans ce qu'ils ont d'obscur, il n'y a pas de moyen plus infaillible que de recourir aux plus anciennes versions ; puisque, se rapprochant de plus près de l'original, elles en ont mieux conservé l'esprit et les tour-

---

(1) C'est-à-dire dont chacun des versets commence dans l'ordre de l'alphabet hébreu. « Dans quelques « pièces où l'ordre étoit entièrement arbitraire, parce- « qu'il n'y a que des mouvements de passion ou des « maximes de morale, qui n'ont aucune liaison néces- « saire, on a fait les couplets acrostiches, suivant l'or- « dre de l'alphabet, apparemment pour soulager la « mémoire. » (Fleury, *Disc. sur la poésie des Hébr.* Bible de Vence, tom. VI, pag. 101.)

(2) Le verset quatorze, correspondant à la lettre *nun*, qui se retrouve dans les septante et la Vulgate, qui portent : *Fidelis Dominus in omnibus verbis suis, et sanctus in omnibus operibus suis.* Ferrand a ramassé divers exemples d'omissions pareilles (*Præf. in Psalm.*, pag. 42).

nures. Tout le monde sait que chaque langue a son caractère propre, et qu'en traduisant on ne saisit pas toujours bien l'équivalent. Voilà pourquoi toutes les fois qu'il y a dans les interprètes plusieurs manières de lire, la quantité même des variantes fait ressortir l'énergie et la fécondité de la langue originale. Aussi voyons-nous les saints Pères, à leur tête saint Jean Chrysostome et Théodoret, dont la critique s'est exercée avec le plus de succès dans ce genre de travail, confronter constamment les diverses leçons avec le texte original. Loin d'embarrasser le lecteur, cette variété le soulage, comme parle saint Augustin avec son exactitude ordinaire; et ces différences de versions, qui sembloient faites pour jeter de l'incertitude dans les esprits, tournent au profit de l'intelligence, en ne faisant que répandre la lumière. Au reste, l'Église attache si peu d'importance à certaines variantes, même d'un sens tout opposé, que dans le psaume XCIV, par exemple, que nous chantons à matines, elle adopte indifféremment le verset : « Durant « quarante ans j'ai été courroucé, » que porte la Vulgate, ou bien : « J'ai été rapproché, » ce qui est tout le contraire, mais également plausible.

XXVI. *Usage à faire de ces règles. Version de saint Jérôme faite sur l'hébreu.*

D'après ces règles, nous employons les versions diverses, ce que nous faisons avec réserve pour ne point surcharger nos lecteurs d'une érudition superflue; mais nous remontons le plus possible à la source. Pour y procéder avec plus de succès et d'assurance, nous nous étayons de la version de saint Jérôme, faite par lui sur le vrai texte hébreu, autrement Vulgate, comme pouvant être de la plus grande utilité à ceux qui nous liront. En cela nous ne faisons que nous conformer au jugement de l'Église catholique, qui tout entière a décerné à ce saint prêtre l'éloge « qu'il est de « tous les docteurs celui qui ait le mieux ex- « cellé dans l'interprétation des saintes Écri- « tures, » et en conséquence a adopté par un jugement formel sa version de tous les autres livres saints, au Psautier près, dont elle a conservé l'ancienne version, qu'un long usage avoit rendue trop familière et trop enracinée dans les esprits pour qu'elle pût céder le pas à une version nouvelle (1).

---

(1) Le concile de Trente dit en parlant de cette an-

Ce fut là sans doute l'unique motif qui détermina l'Église; car on auroit tort de croire qu'elle ait jugé le travail du saint docteur sur les Psaumes moins correct que sur les autres livres, tandis que lui-même proteste contre, dans sa préface adressée à Sophrone (1).

Je suis bien loin de disconvenir (2) que cette ancienne version du Psautier, qui fait partie

---

cienne version antérieure à saint Jérôme: *Ipsa vetus et vulgata editio, quæ longo tot sæculorum usu in ipsâ Ecclesiâ probata est* (Sess. IV, cap. II). Saint Jérôme fut chargé, étant à Rome, par le pape Damase, de la corriger, mais avec peu de succès, ainsi qu'il en convient dans plusieurs de ses lettres et préfaces, ce qui l'engagea à reprendre son ouvrage en sous-œuvre; et il le fit cette fois, durant qu'il étoit à Béthléem, avec toute l'application que pouvoit donner à un travail de cette importance un homme aussi profondément savant, et qui avoit un commerce journalier avec les Juifs les plus instruits dans tous les secrets de leur langue: *Translationem diligentissimè emendatam* (*Epist. seu Præf. ad Sophron*).

(1) Bossuet jugea à propos d'insérer à la suite de sa Dissertation la lettre de saint Jérôme à Sophrone. Outre qu'elle se trouve dans la plupart des éditions du Psautier, nous n'avons pas cru devoir la publier de nouveau, ce qu'elle a de remarquable étant répandu dans les notes sur la Dissertation de Bossuet.

(2) Un évêque comme Bossuet, *un père de l'Église*, a

de notre Vulgate, si respectable et par son antiquité, et par la sanction que lui ont donnée les plus anciennes Églises, ne respire une onction particulière, et ne se distingue souvent par une propriété d'expression remarquable; mais tout lecteur tant soit peu attentif ne manquera pas non plus d'observer que celle de saint Jérôme est en général plus coulante et plus naturelle; ce qu'il sera facile de vérifier dans les notes que nous plaçons à la suite du texte, où nous restituons l'interprétation du saint docteur d'après l'hébreu; et quand lui-même nous paroît s'éloigner de l'original hé-

---

droit de parler ainsi; mais on n'entend point sans quelque surprise des apprentis en érudition, étrangers à la langue sainte, au point de n'en pas même savoir l'alphabet, trancher souverainement sur des questions qui ont épuisé toute la sagacité des savants, et les ont partagés; prononcer arbitrairement des parallèles et des préférences; déclarer affirmativement que le système qui admet la supériorité de la Vulgate sur le texte original leur paroît *insoutenable* (M. Genoude, *Avertiss. de sa Trad. des Psaumes*, pag. 2). L'auteur de la *Distinction primitive des Psaumes*, en établissant *la prépondérance de la Vulgate sur le texte hébreu moderne*, est du moins bien éloigné de prendre ce ton d'une suprématie dictatoriale. (Voyez ce qu'il en dit à la page 14 de son *Disc. prél.*)

breu, nous nous permettons de substituer notre propre commentaire.

L'objet que nous nous sommes proposé ne demandant pas plus d'éclaircissements, en dire davantage seroit une peine inutile et qui n'apprendroit rien à nos lecteurs.

CHAPITRE VI.

Des titres et autres notes; des arguments; des auteurs, et de l'ordre des Psaumes; des chœurs, et de la danse religieuse; du rhythme ou mesure des Psaumes.

XXVII. Titres des Psaumes : leur authenticité.

Nous dirons que, dans les Psaumes, les titres qui les annoncent ont été divinement inspirés et maintenus, afin que l'on pût en connoître par la suite les auteurs et les arguments. C'est ce que saint Jérôme en nomme judicieusement la clef, sans quoi on ne peut entrer dans l'intelligence du psaume, pas plus que dans une maison fermée sans en avoir la clef (1). Rien qui contribue mieux à leur éclaircissement que la connoissance des choses, des personnages, des temps, et de l'intention de l'écrivain. Saint Augustin est de même avis : « C'est, dit-il, du titre proprement que dépend « tout le contexte du psaume. Celui qui connoît « ce qui est écrit sur le frontispice d'une mai- « son peut y entrer sans rien craindre ; et lors- « qu'il y sera entré, il ne s'égarera pas, car il a « vu dès l'entrée ce qu'il faut faire pour ne pas « s'égarer dans l'intérieur (2). » Il n'y a point de motif raisonnable de retrancher le titre du reste des Écritures, avec qui il fait un seul et même corps. Aussi le trouvera-t-on dans le texte et dans toutes les versions. Tout ce qu'il y a jamais eu d'interprètes chrétiens et juifs l'ont con-

---

(1) *Præf. Comment. in Psalm.* Saint Hilaire de Poitiers lui a fourni cette similitude (*in Psalm.* CXIX, *Prolog.*, pag. 367, n. 1).

(2) *Enarr. in Psalm.* LIII, tom. IV, part. 1, col. 492. Trad. de Dubois. D. Calmet : « Le titre est comme un « guide qui nous conduit dans les divers sens d'un « Psaume. Tout dépend de bien entendre l'inscription. « Celui qui entre dans un palais est bien aise de trou- « ver à la porte quelqu'un qui lui indique les apparte- « ments et les détours pour s'y conduire sans s'égarer. » (*Bible de Vence*, tom. VI, pag. 76.)

servé religieusement. Il est assez commun d'en rencontrer qui en donnent des explications différentes : je n'en connois pas un seul parmi les anciens qui en ait mis en doute l'autorité. Il y a bien quelques commentateurs qui contestent les noms placés à la tête de divers psaumes, comme ceux d'Asaph, d'Idithun, de Moïse lui-même; nous en parlerons ailleurs (1) : mais pour cela ils ne rejettent point le titre ; seulement ils l'appliquent à leur sens, et cherchent à justifier leur manière de voir, toujours en respectant son authenticité : d'où l'on doit conclure qu'il est inviolable et consacré. C'étoit encore la pensée de saint Augustin, qui s'exprime ainsi à l'occasion du titre du psaume cinquantième, après avoir fait le récit du crime de David : « On ne lit point cette histoire dans « le psaume que nous expliquons ; elle est ra- « contée plus au long dans le livre des Rois. « L'un et l'autre de ces livres sont canoni- « ques (2). »

Ce grand évêque ne donne pas moins aux titres la qualification de canoniques, qu'aux livres des Rois : cela est décisif. Il parle dans les

---

(1) Voy. plus bas, n. XXX, et la note 1re.
(2) *In Psalm.* L, n. 2.

SUR LES PSAUMES. 139

mêmes termes au sujet du psaume LXIV, dont il commence ainsi l'exposition : « Le titre seul « de ce psaume indique que c'est une sainte « prophétie (1). »

Théodoret n'est point d'un sentiment contraire. La seule différence qu'il y ait entre lui et l'évêque d'Hippone, c'est que ce dernier, s'attachant au sens allégorique et moral, comme les prédicateurs de son temps, rapporte indifféremment les titres d'après les septante ou l'hébreu, ce que ne fait point Théodoret, plus fidèle à l'histoire et à la lettre. Les septante, d'après qui il écrivoit, ayant ajouté des titres à ceux qui se lisoient dans l'hébreu, avec la précaution de noter qu'ils ne s'y trouvoient pas, et que les psaumes ainsi marqués étoient ané-

---

(1) *In Psalm.*, col. 628, et dans l'explication du psaume CXXXIX : *Tanquam præco psalmi est titulus psalmi.* (*Ibid.* col. 1552.)

« Il est incontestable, dit l'auteur du savant ouvrage « italien cité déjà plus d'une fois dans le cours de ces « notes, que le premier qui recueillit les Psaumes, « Esdras ou un autre, n'importe, les transcrivit intégralement comme il les avoit trouvés, et comme on « les avoit lus et chantés jusque-là, avec leurs titres et « les airs de musique, dont le tout ensemble présente le « même caractère d'authenticité. » (*Saverio Mattei*, *Della Poes. de gli Heb.*, cap. IX, n. 4, tom. I, pag. 212.)

pigraphes ou sans titre, Théodoret, d'après la méthode de son maître saint Jean Chrysostome, a toujours grand soin d'en faire la distinction : ce qui prouve qu'ils manquoient aux anciens exemplaires, mais qu'ils avoient été ajoutés postérieurement par des copistes studieux ; qu'ils étoient donc sans authenticité, sans caractère, comme n'étant pas dans l'original, ni dans les plus anciens manuscrits des septante, ni dans les Hexaples : d'où ce savant critique concluoit que de toutes les versions la plus ancienne et la plus conforme aux originaux hébreux étoit celle des septante. Quant aux titres, il soutient qu'ils font partie intégrale des Psaumes; qu'ils sont inspirés comme eux par l'Esprit saint, restitués comme eux par Esdras, sous la dictée du même Saint-Esprit, et transcrits comme eux par les septante; que l'on ne peut, sans une coupable témérité, mettre la chose en question, à moins de se prétendre plus sage que l'Esprit saint lui-même(1). De telles expressions témoignent assez com-

---

(1) *Præf. in Ps.*, pag. 396, *et init. expos. in Ps.* I. Les Juifs ont de tout temps regardé les titres comme aussi respectables que le texte : aujourd'hui encore ils les récitent et les chantent avec tout le reste.

bien est vénérable tout ce que ces anciens interprètes ont traduit de l'hébreu, et qu'il n'y a pas moins d'autorité dans les titres que dans les Psaumes eux-mêmes.

Qu'il y ait dans cette partie tout aussi bien que dans le texte différentes manières d'interpréter ou de lire, c'en est encore une conséquence naturelle. Il a pu se faire que des copistes zélés aient transporté quelques notes de la marge dans le corps de l'ouvrage; mais tout cela ne fait rien à la question du titre. Personne parmi les anciens docteurs n'a jamais mis en problème l'autorité de ceux qui se trouvoient insérés dans les livres originaux (1).

XXVIII. D'une note qui termine le psaume soixante-et-onzième.

Le verset qui finit le psaume soixante-et-

_____

(1) *Parmi les anciens*, dit Bossuet; car les modernes ne se sont pas toujours montrés aussi scrupuleux. Ferrand ne leur accorde pas cette autorité, et combat le témoignage de Théodoret, qu'il accuse d'impliquer contradiction (*Præf. in Ps.*, pag. 75). De Muys partage cette opinion, et conclut que c'est là une question purement indifférente, *in Ps.* IV, 1. Bellanger suit un parti mitoyen : il en adopte quelques uns, et en rejette d'autres (*Prol. in Ps.*, pag. 36). D. Calmet se range à l'opinion

onze(1) suppose, et nous l'établissons comme incontestable, qu'il exista un recueil de ces divins cantiques antérieurement à Esdras(2),

---

de Bossuet, dont il cite les propres paroles : *Psalmorum titulos divinitùs inspiratos conservatosque dicimus* (*Diss.*, tom. VII, pag. 77).

(1) Ce psaume finit le second livre et se termine lui-même ainsi : *Defecerunt orationes* (*seu hymni*, *seu etiam laudes*) *David filii Jesse*; clause qui a fait croire que le psaume auquel elle étoit jointe est le dernier que David eût composé : conséquence fausse, car on en voit après qui sont incontestablement de David, entre autres le cent-neuvième, attribué à David par Jésus-Christ même.

Ce verset a embarrassé les critiques. Je ne vois pas qu'on en ait fourni jusqu'à présent une solution suffisante. Je lis dans un ouvrage moderne une conjecture qui me semble capable de jeter un assez grand jour sur la question : la voici : « Il est à présumer que dans l'o- « rigine il existoit dans les Psaumes un ordre quel- « conque. Les Psaumes de David auront sans doute été « recueillis à mesure qu'il les composoit, et mis chacun « dans son ordre de naissance. C'est ce que semble in- « diquer le psaume LXXI, fait après le couronnement « de Salomon, peu avant la mort de son père, et à la « suite duquel on lit ces mots : Ici finissent les Psaumes « de David, fils de Jessé. *C'étoit le Psautier rangé selon* « *l'ordre des temps.* » (*Ps. nouv. trad. de l'hébreu*, *Préf.* pag. 6 ; Paris, Éberhart 1809.)

(2) Eusèbe l'affirme positivement (*in Ps.* LXII *et* LXXXVI), et personne ne l'a contredit. Dupin prétend qu'au retour de la captivité de Babylone il borna son

qui dans sa nouvelle publication conserva fidèlement les anciennes notes par respect pour l'antiquité : d'où le lecteur sensé conclura qu'Esdras n'a changé rien que l'ordre des Psaumes ; qu'en conséquence tout ce qui est note et titre étoit d'une date bien plus reculée, de même temps que les Psaumes, identique à eux-mêmes ; ou tout au moins que s'il y a eu quelque chose d'ajouté, c'a été immédiatement après, quand la mémoire en étoit encore toute neuve ; qu'il n'est donc pas permis d'y rien dédaigner sans une sorte de profanation.

XXIX. Quels ont été les auteurs des Psaumes.

Cela nous mène à la solution de la difficulté qui se présente sur le nom des auteurs. On en voit sous celui de David, d'autres sous celui

---

empressement à ramasser sans ordre les Psaumes, *à mesure qu'il les trouvoit* (*Disc. prél. sur la Bib.*, tom. 1, pag. 223). Saint Athanase reconnoît bien Esdras pour auteur de ce nouveau recueil ; mais il atteste qu'il en existoit d'autres avant lui (*Argum. Psal.*, tome 11, *coll. vet. pat.*, pag. 70). En effet il y en avoit un déjà dans le temps d'Ézéchias, puisque nous lisons au livre des Paralipomènes que *ce prince ordonna aux lévites de chanter les louanges du Seigneur en se servant des paroles de David et d'Asaph le Voyant* (*II. Paral.* XXIX. 30).

d'Heman, d'Ethan, quelques uns même de Moïse(1). Quant à Asaph et Idithun, la chose s'explique autrement : ils peuvent n'y paroître

---

(1) Le premier et l'unique auteur des Psaumes, c'est Dieu, qui les inspira.

Que David en ait composé le plus grand nombre, nul doute : qu'il les ait composés tous, voilà la difficulté; car on ne sauroit se dissimuler que les titres et les inscriptions ne soient au moins un préjugé favorable pour ceux dont ils portent le nom. Or, outre les noms que Bossuet rappelle, on y rencontre de plus ceux des fils de Coré, d'Aggée, de Zacharie. On a même prétendu qu'il y en avoit de Salomon : Pineda et Lacerda ont fait valoir cette opinion, que d'autres ont réfutée (*Ferrand, Præf.*, pag. 113). Nous voyons les Pères grecs et latins partagés à ce sujet, à plus forte raison les modernes. Bossuet résout la difficulté avec sa sagesse et sa précision ordinaire. Un savant moderne assigne de cette manière les offices dont ces divers personnages furent chargés pour l'exécution des chants : « Le nom de David se lit à la tête de quatre-vingt-cinq « de ses psaumes : il s'en étoit réservé à lui-même la « composition musicale, et il avoit confié à l'habileté « d'Asaph celle de plusieurs de ces cantiques. Un ver- « tueux Israélite, un serviteur de Dieu, nommé Moïse, « qui ne doit pas être confondu avec le législateur des « Hébreux, avoit été chargé du chant du XCIX^e; Ethan « ou Idithun, de celui du LXXXVIIIe; et la famille du « lévite Coré, de celui des dix autres. Idithun enrichit « de nouveaux airs les XXXVIIIe, LXIe et LXXVIe; Sa- « lomon suivit cet exemple pour le CXXVI^e; les proque comme chefs de l'orchestre, plutôt que comme écrivains; ce que nous examinerons ailleurs (1). Il est impossible de le supposer de Moïse.

En outre, il n'est pas rare d'y rencontrer des particularités qui ne peuvent se rapporter qu'à des époques postérieures : par exemple, la captivité de Babylone, la ruine du temple, où il n'est plus question de l'arche dont il est tant parlé dans les psaumes les plus anciens, puisqu'ayant été consumée avec le temple, elle périt sans retour. Il semble contre toute raison d'attribuer ceux-là à David. Pourtant les Pères ne sont point d'accord sur ce point : quelques uns veulent qu'ils soient tous donnés à David, sans en excepter même celui qui porte le nom de Moïse, qu'ils prétendent avoir été composé par le roi-prophète représentant Moïse, et les autres concernant les événements futurs dont l'Esprit saint lui auroit donné la connoissance anticipée. Nous, d'après le sentiment bien plus

---

« phètes Jérémie, Ezéchiel, Zacharie, et Aggée, l'imitè-
« rent ensuite pour un assez petit nombre. » (*Distinct. primitive des Ps.*, pag. 65.) Cette explication, qui ne manque point d'autorité, répand un grand jour sur la question.

(1) Ce qu'il fait dans ses notes sur le Ps. LXXIX.

naturel de saint Jérôme, nous ne voyons rien qui empêche de les attribuer à divers auteurs, à ceux sous le nom de qui ils sont intitulés : en quoi nous ne préjudicions nullement à leur autorité qui ne leur vient pas du nom de David, mais de l'inspiration divine qui les a dictés. S'il s'agissoit de noms, celui de Moïse, par exemple, ne seroit pas une recommandation indifférente.

Quant au caractère prophétique, nous sommes bien loin de le méconnoître, quand il y a des raisons légitimes pour y croire : nous ne permettons pas non plus qu'on le prodigue sans discernement. Nous ne mettons pas facilement sur le compte de la prophétie(1) ce qui semble dépouillé du voile de l'obscurité et du mystère, mais s'énonce dans le style simple de l'histoire, ce qui n'est pas ordinaire aux prophètes.

XXX. Même sujet : titres, auteurs et arguments des Psaumes.

Ces préliminaires nous conduisent à l'exa-

---

(1) On lit dans le texte latin des édit. in-8° et in-4° : *Aut facilè referimus*, que nous croyons être une faute d'impression ou du copiste. Nous lisons : *Haud facilè*.

men des arguments, le plus souvent indiqués dans le titre même : c'est une invitation à la piété de chercher à connoître ce qui suit.

Quelques psaumes où il n'y a pas de titre, par exemple le second, appartiennent à David : le livre des Actes en fait foi. Que les titres aient été perdus, ou autrement, n'importe. On se prévaloit d'une règle mentionnée par saint Jérôme, à savoir que tous les psaumes où le titre n'indique pas le nom de l'auteur doivent être attribués à ceux qui se trouvoient désignés dans ceux d'auparavant. Cette règle, les docteurs hébreux la supposoient d'un grand secours pour l'intelligence des arguments ; mais nous ne voyons pas ni qu'elle ait été adoptée par les Pères, ni justifiée par l'expérience. Par exemple, le second psaume est sans titre ; qu'il faille le donner à l'auteur du premier, celui-ci n'en a pas davantage : voilà donc la règle en défaut dès le premier pas (1). Elle ne réussit pas mieux

---

(1) Ces raisons semblent péremptoires ; pourtant D. Calmet n'adopte pas ici l'opinion de notre savant évêque : il ne la combat que par l'autorité des Pères et de l'ancienne tradition des Juifs (tom. VI, pag. 97), dont il est le premier à s'éloigner quand il lui paroît plus à propos de le faire. Il a été vivement combattu à son tour par Saverio Mattei.

dans la suite, comme il sera facile de s'en convaincre. Toutes les fois donc qu'il nous manque des arguments authentiques, nous y suppléons par les aperçus que nous fournissent saint Jean Chrysostome, Théodoret, les autres Pères et interprètes, et les renseignements que nous puisons soit dans l'ouvrage même, soit dans la chronologie, l'histoire, et plus particulièrement encore dans nos livres saints consultés avec le plus d'exactitude qu'il nous est possible. Toujours du moins notre principal objet est de fixer l'attention du lecteur vers un but déterminé, unique moyen d'attacher sa mémoire et d'empêcher qu'il ne s'égare dans le vague.

Voilà ce que nous avions à dire en général des titres et des arguments: les observations particulières viendront à leur place.

XXXI. Du mot *séla*, tout-à-fait indifférent au sens.

Nous ne nous étendrons pas beaucoup sur le mot hébreu *séla*(1), note qui se rencontre fréquemment intercalée dans le texte, et quelquefois à la fin. Les septante, Théodotion, et

---

(1) Ce mot a exercé tous les commentateurs. « Quel-
« ques uns, dont Théodoret, conjecturoient que ce pou-

Symmaque, traduisent ce mot par celui de *diapsalma* pour marquer les diverses inflexions du chant. Aquila, suivi par saint Jérôme, le traduit par le mot *toujours* pour désigner que la chose durera éternellement, ce qui ne s'accorde pas toujours avec le sens, comme on pourra le vérifier. Nous nous rangeons à l'avis de Théodoret et de la plupart des interprètes qui l'entendent dans le sens du *diapsalma*, purement relatif au chant. Nous indiquons ce que veut dire le mot *toujours* qui dans la version de saint Jérôme se trouve si souvent jeté à travers le discours. Notre Vulgate l'omet constamment et avec raison; car il ne fait rien du tout au sens.

XXXII. Des danses et du rhythme.

Les hymnes sacrés se chantoient autrefois sur des tons extrêmement diversifiés, accompagnés d'instruments, en raison du sujet plus

---

« voit être une interruption de l'inspiration actuelle du
« Saint-Esprit; d'autres un simple changement dans le
« chant ou dans la musique; et ce dernier sentiment a
« été le plus suivi et le plus commun dans l'antiquité. »
(*Calmet*, pag. 175.) Mattei confirme ce sentiment par
de nouvelles observations. (*Bib. poet.*, tom. I, pag. 270
et suiv.)

ou moins grave (1). On le voit clairement et par la nature de ces compositions, et par les seules inscriptions des Psaumes (2). Dans cette haute antiquité le peuple hébreu mêloit des danses à ses chants. Le premier témoignage que l'histoire en ait conservé remonte au passage de la mer Rouge : témoin celle qu'exécute Marie, sœur d'Aaron (3). L'histoire de David nous en offre encore d'autres exemples (4). Ce n'étoient

---

(1) Historique ou moral ; chants de joie ou de deuil, de louange ou de prière. Plusieurs sont désignés chez les anciens sous le titre d'hymnes funèbres (Voy. *Ferr.*, pag. 103), *hymni funebres, sepulcrales*, et la coutume en avoit passé chez les premiers chrétiens. (Saint Aster. Amas. *apud* Cotelier, *Monum. eccles. græc.*, tom. II, p. 30 ; et *in Martyr. sancti Ignatii* ; Cotelier, *Patr. apostol.*, tom. II, pag. 1001.) Théodoret : *Hæc cantica festos martyrum dies lætiores ac splendidiores etiamnum efficiunt*. D'autres offrent dans leurs titres la distribution de divers psaumes, soit à des jours fixes, soit à des jours variables : *Prima sabbati in rememorationem de sabbato*.

(2) Psalm. VI : *in Neghinoth super Hascheminith*. Hebr. *Victori in canticis super octavá*, vers. S. Hieron. (Bossuet *in hunc psalm.*) Psalm. VIII : *Victori pro torcularibus instrumenta musica*. (*Id.*, pag. 19, éd. in-4°.)

(3) *Exod.* XV, 20. — *II. Reg.* VI, 14.

(4) Il est certain, dit l'abbé Fleury, que les chants étoient accompagnés de danses ; car les chœurs, dont l'Écriture parle si souvent, sont des troupes de danseurs ou de danseuses. (*Disc. sur la poés. des Héb.*, n. 6.)

point là, comme parle le grand théologien d'O-
rient, saint Grégoire de Nazianze, de ces danses
profanes et lascives, où l'on s'abandonne à des
mouvements licencieux et désordonnés; mais
une action modeste, où une cadence graduée,
toujours maîtresse d'elle-même, exprime les
élans de l'ame vers le Créateur (1). A l'occasion
du psaume LXVII, le témoignage de Philon nous
servira à établir que les chants et les danses
étoient entremêlés de strophes et d'antistrophes
différenciées dans le rhythme et la cadence (2).
Nous conjecturons que le mot *séla* servoit à
marquer ces différences; mais il y a long-temps
que l'on est dans une ignorance totale sur tout
ce qui concerne ces questions (3). Nous ne sa-

---

(1) *Orat.* IV. — (2) *De vit. contemp.*, *sub finem.*
(3) En effet les immenses recherches de Gomare, de
Théod. Herbert, de Cappelle, de Bartolocio, des Buxtorf, etc., tant sur l'ancienne que sur la nouvelle musique des Hébreux, ne nous en apprennent rien. Guarin, savant bénédictin, a joint quelques conjectures à
celles de ses devanciers; on les trouve dans sa Gram-
maire hébraïque et chaldaïque (art. IV, pag. 329 et
suiv.); mais elles nous laissent encore dans les ténèbres. L'abbé du Coutant de La Mollette n'a pas été plus
heureux dans son *Traité sur la poésie et la musique des
Hébreux.* « Le P. Calmet s'étoit flatté d'avoir fixé la vé-
« ritable signification des mots hébreux qui indiquent

vons pas davantage ce qu'il faut entendre par mesure dans la poésie des Hébreux, à moins de dire avec Philon que leurs vers étoient de trois membres(1); mais de quelle quantité? Il n'en dit rien, comme si tout le monde avoit dû le savoir; et nous ne trouvons rien là-dessus de bien satisfaisant, à ce que je sache, dans les écrits de leurs rabbins.

Saint Clément d'Alexandrie, très instruit dans l'antiquité, et très curieux des anciens usages, assure que les Hébreux, dans leur musique pour le temple, suivoient pour l'ordinaire la gravité du chant dorique, qui est un des plus anciens et des plus sérieux, presque tout composé de spondées ou de syllabes longues, et très propre à célébrer la majesté du Seigneur, par conséquent à exciter dans l'ame un recueille-

---

« les instruments de musique chez les Hébreux. » (Les auteurs des *Principes discutés*, Observ. prél. sur la vers. des *Ps.*, pag. 11 et 12, Paris, 1762.) L'auteur du livre intitulé *De la distinction primitive des Psaumes en monologues et en dialogues* (2 vol. imp. à Paris, en 1806), a fait ressortir, par des aperçus neufs et pleins de lumière, les merveilleux effets de l'orchestre; mais il n'est point entré dans le mécanisme de l'art. Concluons avec Bossuet : *Horum omnium vis ritusque pridem intercidit.*

(1) Dans la dissertation de D. Calmet sur la poésie des Hébreux, pag. 112.

ment religieux(1). J'en retrouverois la preuve dans le mot *halleluia*, formé de quatre longues syllabes, que le peuple chantoit fréquemment, et que nous répétons avec acclamation toutes les fois que nous entonnons les louanges du Seigneur. C'étoit un mélange de gravité et d'allégresse, dans l'esprit de ces paroles du prophète : « Servez le Seigneur avec crainte, et réjouissez-vous en lui avec tremblement(2). »

XXXIII. Des instruments de musique.

Pour les instruments de musique, il est certain que les Hébreux en employoient dans leurs cérémonies religieuses(3). C'étoient ou des in-

---

(1) C'est ce que le P. Guarin a essayé de reproduire dans ses Recherches sur le rhythme hébreu. Voyez l'ouvrage cité plus haut, à la page 327.

(2) *Ps.* XI, 11.

(3) Autre question sur laquelle les savants ne se sont pas moins exercés. Calmet a publié une dissertation intéressante sur les instruments de musique des Hébreux, tom. VI, pag. 145, accompagnée de figures. D'autres, Lamy entre autres, dans son ouvrage *De Tabernaculo Fœderis*, l'avoit essayé sans plus de succès. La conséquence la plus légitime, l'unique à déduire de tant de travaux infructueux sur cette matière, c'est qu'il y a dans nos cantiques sacrés une poésie qui leur est parti-

struments à vent, comme la trompette, le cor, la flûte; ou à cordes, comme la cinyre, cithare ou harpe (*kinnor*), qui se pinçoient avec les doigts, ou se frappoient avec la main, comme la cymbale: on les confondoit sous la dénomination générale de *neghinoth* (1). On les unissoit à la voix: « Réveille-toi, ô ma langue, « dit le prophète; réveillez-vous, ma harpe et « ma lyre (2). » Dans le psaume XXIII et ailleurs

culière; c'est que nulle production humaine n'approcha jamais du divin enthousiasme qui les a produits; c'est qu'ils réunissent éminemment tous les caractères de la véritable inspiration, l'élévation et la grandeur des pensées unies à la chaleur des mouvements, à la vivacité des figures, à la grace et au pittoresque de l'expression; toutes les richesses de la poésie naturelle, distincte de la poésie artificielle, qu'il est tout-à-fait inutile d'y chercher. C'est la pensée de Lowth dans son célèbre ouvrage *De sacrâ Hebræorum poesi*, où il n'a fait qu'étendre à chacun des genres et des sources de la poésie ce que notre Bossuet a dit si magnifiquement dans peu de pages: *Quod autem ad veros horum versuum numeros*, dit le savant professeur d'Oxford, *ad rhythmum et modulationem attinet, id omne et penitùs ignotum esse, et nullâ unquam arte, aut industriâ humanâ investigari posse, ex ipsâ rei naturâ satis apparet* (pag. 46. ed. Gotting. 1761).

(1) On entend plus communément par ce mot les poésies chantées sur les instruments, que les instruments mêmes. — (2) *Ps.* LVI. 9.

il est parlé du psaltérion à dix cordes : nom générique qui s'applique à diverses formes d'instruments de même classe (1); car le psaume XCI y joint la cithare qui étoit de huit cordes. On rencontre dans les inscriptions des Psaumes le mot *scheminith* (2), que les modernes ont traduit par *octave;* le chaldéen, et d'après lui les critiques les plus recommandables, par *cithare à huit cordes*, bien que d'autres l'entendent du nombre des tons plutôt que de la quantité des cordes (3). On touchoit les cordes avec les doigts

---

(1) « Il est bon de remarquer que les anciens instru-
« ments à plusieurs cordes sont souvent confondus, et
« ne diffèrent entre eux que de nom. Ainsi, quand on
« voit que les uns leur donnent trois cordes, d'autres
« sept, d'autres dix, d'autres douze, d'autres jusqu'à
« vingt-quatre; que ceux-ci disent qu'on les touchoit
« avec les doigts, et que ceux-là enseignent que c'étoit
« avec l'archet, ou que les uns ont les cordes tendues
« de haut en bas, et les autres de long et sur le plat,
« on ne doit pas pour cela aussitôt prétendre que ce
« sont divers instruments, et qu'il est impossible que
« des choses si dissemblables soient appelées du même
« nom. Rien n'est plus ordinaire dans ces sortes de
« choses, que de les comprendre tantôt sous un nom
« générique, et tantôt de les exprimer par un nom par-
« ticulier. » D. Calmet, *Dissert.*, tom. VI de *la Bible de Vence*, pag. 151.

(2) VI et XI. — (3) D. Calmet n'en fait pas un instru-

156 DISSERTATION

et non avec l'archet, dont il n'est fait mention nulle part dans nos livres saints. Dans les instruments à cordes, on remarque encore cette différence, que dans les uns les cordes étoient tendues de haut en bas et se touchoient par le bas, les autres avoient leur creux par le bas et se touchoient par le haut. C'est dans cette dernière classe que saint Basile(1) et d'autres rangent le psaltérion, d'après les notions qui leur en étoient venues des anciens. Quant à nous, nous avouons de bonne foi que la matière nous paroît peu éclaircie comme peu importante.

XXXIV. On n'a rien de précis quant à l'ordre des Psaumes.

Pour l'ordre des Psaumes on peut s'en tenir à ceci : Dans notre collection nous n'avons point d'égard au temps (2). Quant à l'ordre des matières, la seule observation importante est celle-

---

ment, mais la huitième bande des musiciens du temple (*ut supr.*, pag. 144).

(1) *Homil.*, in *Ps.* I, n. 2.

(2) « L'ordre des Psaumes, tels qu'on les a dans l'hé-
« breu et dans toutes les versions, est entièrement arbi-
« traire. Saint Augustin y soupçonnoit du mystère,
« même un grand mystère, tout en convenant qu'il

ci de saint Jean Chrysostome, que les premiers psaumes sont en général sur des sujets plus tristes, et les derniers sur des sujets plus doux et plus consolants. A la suite des travaux et des afflictions qui l'ont éprouvée, l'ame se repose avec plus de charme sur les louanges du Seigneur, et, parvenue au terme de la carrière, goûte une plus douce jouissance à chanter l'*halleluia* (1).

« n'avoit pu le découvrir. M. Rondet a cru être plus
« heureux, et a entrepris de nous dévoiler ce secret : je
« doute fort que son travail ait contenté personne. Les
« plus habiles demeurent d'accord qu'on n'a pu jus-
« qu'à présent démêler aucun ordre dans le psautier. »
(*Ps., nouv. trad. de l'hébreu*, Paris 1809, tom. I, *Préf.*, pag. 5.) Oui, quant à la suite de l'histoire et à l'ordre chronologique ; et c'est à quoi Bossuet borne ici sa pensée ; mais qu'il règne dans l'ensemble de ces divines compositions un ordre vraiment mystique qui les rapporte toutes à un objet déterminé, celui que Duguet a si clairement entrevu et démontré dans son *Explication des Psaumes*, cela est incontestable ; et c'est là aussi ce qu'ont exécuté avec le plus grand succès les auteurs des *Principes discutés*, ouvrage plein de lumière que l'on a pu calomnier, mais non réfuter ; ouvrage prodigieux d'érudition et de critique, et qui ne laisse desirer qu'un ordre plus méthodique.

(1) *Chrys. in Ps.* LI, pag. 1021, édit. *Bénéd.*, tom. V.

CHAPITRE VII.

De la méthode de lire et d'entendre les Psaumes.

XXXV. Avantages à tirer de l'obscurité des Psaumes : de la foi naît l'intelligence.

L'Esprit saint, qui a inspiré les Psaumes comme les autres parties de l'Écriture, a permis qu'il y eût des obscurités mêlées à des vérités claires et palpables. Sur quoi saint Augustin dit avec beaucoup de raison : « Ce qu'il y a de « clair contente le goût, ce qui est obscur « l'exerce et empêche la monotonie (1). » Le lecteur religieux doit se mettre dans la disposition de profiter de ce qu'il entend pour s'exciter à

---

(1) *De Doct. christ.*, lib. II, cap. VI, page 22, tom. III, *édit. Bénéd.* Voici les propres termes du saint docteur qui ne se trouvent ici qu'en abrégé : *Qui prorsùs non inveniunt quod quærunt, fame laborant: qui autem non quærunt, quia in promptu habent, fastidio sœpè marcescunt: in utroque autem languor cavendus est. Magnificè igitur et salubriter Spiritus sanctus ita Scripturas sanctas modificavit, ut locis apertioribus fami occurreret, obscurioribus autem fastidia detergeret.* Voyez le chapitre IV de cette même dissertation et la note sur le n° 13.

la foi, à l'espérance, à la charité, pour l'imprimer dans sa mémoire, et s'élever jusqu'à Dieu. S'il est arrêté par des choses qu'il n'entend pas, qu'il se mette devant les yeux les autres paroles du même saint docteur : « Peu importe « que le peuple chrétien ne comprenne pas les « Psaumes qu'il chante; il n'en croit pas moins « chanter de bonnes choses(1). » Dans cette confiance, qu'il se dispose à recevoir l'intelligence; car c'est encore saint Augustin qui nous l'assure : « La foi conduit à l'intelligence; l'in- « telligence devient le fruit de la foi(2). » Avec ces pieux sentiments, qu'il médite, qu'il cherche à découvrir les sens cachés; et il en goûtera mieux le suc intérieur renfermé sous l'écorce, par le travail même que cette étude lui aura coûté.

XXXVI. Méthode pour la lecture des Psaumes. Quelques mots sur les écrivains auxquels nous nous sommes principalement attachés. Du commentaire de saint Jérôme sur les Psaumes.

C'est afin de le seconder dans cette sainte entreprise que nous avons composé cet ouvrage. Pour cela nous commençons par une exposi-

---

(1) *Tract.* XXII, *in Joan.* n. 5. — (2) *Ibid.* n. 1 et 2.

tion du sujet propre à fixer l'attention du lecteur; nous approfondissons la lettre expliquée, autant que nous pouvons, sur des témoignages pris de l'Écriture. Nous insérons de temps en temps des réflexions capables de nourrir la piété : méthode que le lecteur peut faire valoir par lui-même. Vous rencontrerez dans les Psaumes d'assez grandes difficultés ; aidez-vous de nos notes ; courtes, faciles à entendre, elles vous apprendront, par l'usage que vous en ferez, à aspirer à mieux (1). Ne vous en tenez point là. Pour trouver du charme à la lecture d'un psaume, il ne suffit pas de l'éplucher, pour ainsi dire, laborieusement verset par verset : c'est l'ensemble et l'esprit général qu'il faut saisir. Ceux qui portent avec eux leurs titres, profitez-en ; sinon, suppléez par les notes ou par ceux que vous rencontrerez ailleurs. C'est là l'objet essentiel auquel tout le reste se rapporte. Allez encore plus loin : à l'exemple du saint prophète, abandonnez-vous à l'admiration, à la reconnoissance, à l'amour ; et ces tendres ef-

---

(1) « Les notes que Bossuet a ajoutées aux Psaumes « pour en faciliter l'intelligence sont courtes, mais judicieuses et exactes. » (M. de Bausset, *Vie de Boss.*, liv. V, tom. II, pag. 12.)

fusions, fécondées par l'esprit qui parlera à votre cœur, le mettront en possession d'une source de délices telles que nous n'entreprendrions pas de les décrire, pas même d'en représenter l'inépuisable abondance.

Pour vous aider nous-mêmes à les goûter, nous nous sommes attachés aux meilleurs interprètes, également recommandés par leurs lumières et par leur sainteté : parmi les Grecs, saint Jean Chrysostome et Théodoret; parmi les Latins, saint Ambroise, saint Augustin, plus particulièrement saint Jérôme, docteur d'un si grand poids dans cette matière (1). Non seulement c'est lui qui nous servira assidument d'interprète et de guide dans cette épineuse carrière, mais nous ferons connoître

---

(1) « Quel avantage pour l'Église, si tous ceux qui « ont commenté la Vulgate avoient comme lui acquis « une profonde connoissance du génie hébreu! Leurs « notes et leurs commentaires sur le texte latin auroient « été beaucoup plus lumineux, et auroient fait sentir « à coup sûr le mérite de la version de saint Jérôme « beaucoup plus qu'il n'a été senti jusqu'à présent. » (Lettre 1re de l'abbé de Villefroy à ses élèves, pag. 29.) Voyez encore le magnifique éloge que fait notre évêque de Meaux du travail de saint Jérôme sur l'Écriture sainte, dans son projet de réunion entre les catholiques et les protestants (*OEuv. posth.*, tom. I, in-4°, pag. 497).

par extraits les passages les plus importants de ses savantes recherches et de son commentaire sur les Psaumes.

Nous n'ignorons pas que Sixte de Sienne et d'autres critiques prétendent que ce commentaire n'est pas de saint Jérôme. Nous, nous prononçons qu'il appartient à un écrivain qui vécut environ quatre cents ans après Jésus-Christ, qui n'a fait mention d'aucune hérésie qui n'ait existé dans le quatrième siècle, qui exerça la vie monastique, qui choisit pour sa retraite de prédilection et le lieu où fut Jérusalem, et les environs de la crèche où le Sauveur prit naissance, qui n'offre pas la plus légère différence avec saint Jérôme dans tout ce qu'il emprunte à l'érudition hébraïque (1). S'il fait un fréquent

---

(1) D. Ceillier est de l'avis de Sixte de Sienne : « Le « commentaire, dit-il, n'est nullement du style de saint « Jérôme, et ne doit être regardé que comme une com- « pilation faite par un homme assez habile de divers « fragments d'Origène, de saint Hilaire, de saint Jé- « rôme, de saint Eucler, et de quelques autres, à qui il « a donné le nom de saint Jérôme pour la rendre plus « recommandable. » (*Hist. des écrivains ecclés.*, tom. X, pag. 209.) La plupart des écrivains modernes pensoient comme lui. Cave ne juge pas même à propos de discuter l'opinion de Marius Victorius qui le rendoit à saint Jérôme. (*Cave, Scrip. eccles.*, p. 157.) Le cardinal Bellar-

emploi de l'allégorie, si l'on y rencontre parfois des choses éloignées en apparence de l'esprit et de l'usage du saint docteur, il ne faut pas s'en étonner d'après la déclaration faite par l'écrivain dans sa préface, « qu'il suit le sen-« timent d'Origène plutôt que le sien propre, » ce que saint Jérôme a fait maintes fois sans même en prévenir le lecteur. Bien plus, nous rapporterons sur le psaume XCIII une longue explication que saint Augustin atteste avoir tirée du commentaire de saint Jérôme sur les Psaumes, laquelle est d'une identité absolue avec le reste. Saint Grégoire cite quelques passages de ce même commentaire sous le nom de saint Jérôme; et, ce qui est décisif, saint Jérôme lui-même parle d'explications des Psaumes données par lui, que l'on retrouve dans ce livre. Convaincu par la force de ces preuves, on se retranche à dire que ces commentaires sont faits en grande partie d'après saint Jérôme, ce qui nous suffit.

---

min, après avoir discuté le pour et le contre, ouvre un avis conciliatoire: *Ego igitur, si mihi liceat sententiam meam exponere, existimo commentaria de quibus agimus, verè esse sancti Hieronymi, sed non pura. Videtur enim aliquis longè posterior scriptor adjunxisse multa de suo.* (*De Script. eccles.*, pag. 148, Paris 1644.)

XXXVII. Ordre des versets : gloses de la Vulgate : on en rapporte ici un grand nombre.

Pour l'intelligence de la Vulgate, nous avons à faire quelques observations importantes : d'abord, de rétablir, ainsi que nous l'avons fait, la distinction des versets quelquefois intervertis; ensuite, de bien remarquer certaines locutions particulières à la Vulgate, comme *bénir* pour louer et célébrer le Seigneur : le mot *exultare* a le même sens. Exemple, *exultabit lingua mea justitiam tuam*, et *exultabo manè misericordiam tuam* (1); traduisez : Je louerai, je célébrerai avec des transports de joie; *confesser* pour louer, *confession* pour louange, quoique ce mot conserve ailleurs son acception naturelle de confesser ses péchés; *je mortifie* pour je livre à la mort; tels encore ces mots, *malignari* pour *malè agere*; *zelare* pour *invidere;* ou bien *æmulari*, *redimere* pour *liberare*, pour *emere* ou même *comparare, sibi vindicare; salutare Domini* qu'il faut entendre par ce salut qui vient du Seigneur; *in id ipsum* pour *simul*, comme ici : *Exaltemus nomen ejus in id ipsum; pécheurs* pour impies, et quelquefois pour enne-

---

(1) *Ps.* L, 16, LVIII, 17.

mis; *fureur* pour colère violente; *donner une loi, l'établir, la poser*, pour enseigner; *je suis ébranlé* pour je tombe, je chancelle; *calice* pour telle chose donnée à quelqu'un; *corde* ou *cordeau* pour la même acception, comparaison prise des mesurages et distributions de terres faites au cordeau; *ossements* pour forces, souvent pour les parties internes; même sens aux mots ventre et reins; *doux* pour pieux; *pauvre* pour affligé et nécessiteux, ailleurs, pour désigner la vertu, la modestie dans l'usage des richesses; *enfer* pour sépulcre; *fourreau* pour épée; *esprit* pour souffle et vent; *humble* pour vil; *humilité* pour bassesse et abjection; une foule d'autres mots détournés de leur sens, *adinventiones* pour affections et pensées; *usquequaquè* pour continuellement; *necessitas* pour angoisses; *exercitatio* pour méditation, et cela fréquemment; *dirigere* pour *rectum facere; corrigere*, pour *regere, dirigere*, souvent pour *attendere: Correxit orbem terræ* (1), c'est-à-dire il l'a pesé comme dans une balance; ainsi *correctio* dans le sens de direction et d'affermissement; *convertere* pour *reverti*, même pour *avertere*, ou simplement *vertere*, détourner, tourner.

---

(1) *Ps.* XCV, 10.

Il arrive communément que le texte omet les prépositions, non seulement dans la composition des mots, mais dans le corps de la phrase; exemple : *Averte mala inimicis meis* (1), au lieu de *adversùs inimicos meos*. Il retranche les particules *quoniam*, *quia*, ou les substitue à celle-ci *etenim*, *quamvis*, *cùm*. Ce verset inintelligible littéralement : *Et omnes vias meas prævidisti, quia non est sermo in linguâ meâ* (2), s'explique facilement de cette manière : « Mais « vous, ô mon Dieu, vous avez lu dans le fond « de mes pensées, bien que je ne proférasse au- « cune parole; » ce qui est clair, et signifie que Dieu n'a pas besoin que nous lui exposions rien, parceque ses yeux découvrent jusqu'à nos plus secrètes pensées. De même pour les interjections; à la place du mot *euge*, qui marque encouragement, le mot *vah* qui exprime indignation, invective. Cela vient de ce que toutes ces expressions ont dans l'hébreu une acception qu'elles n'ont plus dans le latin. Je ne parle pas des hébraïsmes si fréquents dans nos versions, et qu'on y a conservés par la crainte d'ajouter ou de retrancher la plus petite chose à la parole de Dieu, et d'y mêler rien

---

(1) *Ps.* LIII, 7. — (2) *Ibid.* CXXXVIII, 4.

d'humain; on a mieux aimé être obscur qu'infidèle. Il faut donc remarquer les hébraïsmes quand il vient à s'en rencontrer. Voici les plus fréquents : le mot pour la chose, la partie pour le tout, l'ame pour l'individu. Parlant de Joseph : *Ferrum pertransiit animam ejus* (1), son corps, toute sa personne. *Nephesh, anima,* est autre que *rouach, spiritus,* l'ame spirituelle et raisonnable. Vous lisez souvent : *Hæc facta est mihi*(2); nous dirions : *Hoc factum est,* sous-entendu *negotium,* et traduisant par le neutre, au lieu du féminin hébreu. De même *tabernaculum*, tente, pour la maison, peut-être par l'usage antique de la vie pastorale de camper sous des tentes; *decor* pour le temple, le tabernacle, l'arche, la sainte montagne où elle fut placée ; parcequ'elle faisoit l'honneur et l'ornement de cette terre sacrée. Une autre source d'obscurités dans la conjugaison, c'est le défaut d'exactitude dans l'observation des temps, et le changement du passé au futur, ou du futur au passé. Le présent n'y est pas toujours non plus bien distinct : mais l'habitude allégera considérablement le travail. Je préviens donc qu'il ne faut pas s'effrayer trop des solécismes; car

---

(1) *Ps.* CIV, 18. — (2) *Ibid.* CXVIII, 56.

il faut en convenir, nos interprètes, voulant s'accommoder au langage populaire, et à la portée commune, se sont peu embarrassés des barbarismes et des solécismes, et d'un mauvais grec ont fait un fort mauvais latin. Sur quoi saint Augustin, avec beaucoup de justesse : « Ceux, dit-il, qui montrent une délicatesse « trop dédaigneuse en fait de style sont d'autant « plus foibles réellement qu'ils veulent paroître « plus savants ; et le propre d'un bon esprit c'est « d'aimer le vrai dans les mots, et non pas les « mots eux-mêmes (1). »

CHAPITRE VIII.

De l'usage à faire des Psaumes dans toutes les situations de la vie.

XXXVIII. Chacun doit se considérer soi-même dans le Psalmiste. Témoignage de saint Athanase.

Nous voici au point dont nous avions fait le but de cette dissertation, l'emploi que nous devons faire des Psaumes pour nous conformer à

---

(1) *De doct. christ.*, lib. II, cap. 13 et lib. IV, cap. II. De cet aveu de Bossuet on auroit tort de conclure,

l'intention du Saint-Esprit. Nous avons à ce sujet une lettre de saint Athanase, écrite par ce grand homme à Marcellin, dont voici l'idée principale : que les Psaumes sont appropriés à tous les besoins de la piété. Il en donne trois raisons essentielles : la première, que les autres livres de l'Écriture ont un objet particulier, tandis que les Psaumes embrassent tout, histoire, mœurs, la loi tout entière, Jésus-Christ, sa vie et ses mystères, toutes les parties, tant de l'ancien que du nouveau Testament, comme nous l'avons fait voir plus haut; la seconde, qu'ils offrent le tableau de toute la vie humaine, ses adversités, comme ses prospérités, ce qui est vrai, puisque David nous présente à lui seul le sommaire de toute la vie humaine : simple berger, et nommé roi par Dieu lui-même;

---

avec quelques modernes, contre le mérite toujours supérieur de la Vulgate. Les critiques les plus habiles de l'un des plus beaux siècles de la littérature, le seizième, ne se sont pas montrés si dédaigneux. On peut voir les honorables témoignages qu'ils ont donnés à notre Vulgate, recueillis par Ferrand, page 49, et par D. Calmet dans sa *Dissertation sur la Vulgate* (tom. I, pag. 117 et suiv.) Voyez encore les éloges donnés à cette même version par l'abbé de Villefroi. (*Lettre à ses élèves*, tom. I, pag. 25); et l'auteur de la *Distinction primitive des Psaumes*, pag. 15.

vainqueur dans le combat contre Goliath ; général d'armée, gendre du roi, et la merveille de sa cour ; puis en butte aux inimitiés de ce même roi, fugitif, réduit à l'indigence, manquant d'asile au-dedans, de retraite au-dehors. Ce n'est pas tout : ce même David, élevé à la royauté, maître d'un empire bien assuré, et qu'il avoit étendu par tant de victoires, attaqué, poursuivi par son propre fils Absalon, condamné à une fuite nouvelle, avili, image déplorable des vicissitudes humaines, devenu, comme il le dit de lui-même, un spectacle extraordinaire : dans une seule vie, toutes les extrémités de la vie, l'incertitude de la faveur des rois, l'amertume de leurs inimitiés, l'inconstance du peuple, l'infidélité des amis; jusqu'à son propre fils déclaré contre lui ; par-tout, de près et de loin, des pièges et des dangers ; lui cependant toujours docile aux commandements du Seigneur, toujours inébranlable. Arrêtez-vous donc à contempler ici, comme dans un miroir, toutes les variations de la fortune. Mais que parlé-je de fortune et de choses humaines? Il y a, jusque dans l'économie spirituelle, des variations qui proviennent, non pas de Dieu, il ne change pas, mais de l'homme, dont l'inconstance dans le bien provoque une sorte de changement dans l'être immuable. Voyez en effet David lui-même innocent et pécheur, mais de pécheur devenu pénitent. Quel exemple pour vous convaincre combien Dieu aime l'âme chaste et pure, combien sa colère est redoutable, et ses menaces sévères! que de consolations il donne au pécheur qui reconnoît sa faute et implore la divine miséricorde! Livrez-vous à ces méditations, appliquez-vous à vous-même les diverses situations de David : par là vous pourrez avancer dans la vraie piété et dans la véritable connoissance des choses divines et humaines.

XXXIX. *Se purifier avec David; porter ses affections vers Dieu : toujours d'après saint Athanase.*

La troisième raison rentre dans les deux premières. Dans la seule personne de David se réunissent toutes les affections du cœur analogues aux diverses positions. Car ce prince, comme toutes les ames vraiment pieuses, n'affecta jamais cette délicate et mensongère apathie qu'aucun trouble n'agite, disons mieux, cette indolence et cette prétendue impassibilité dont se vantent les stoïciens. Est-il question de crainte, « je regardois à ma droite, je considérois, et il « n'y avoit personne qui me connût : tout moyen

« de fuir m'est enlevé, et je ne rencontre per-
« sonne qui prenne intérêt à ma vie (1); » d'une
profonde affliction, « j'ai été assiégé par les
« douleurs de l'enfer, et les piéges de la mort
« m'ont été tendus au-devant de moi (2); » de
la joie du triomphe à la suite des périls, « tou-
« tes les nations m'ont assiégé; elles m'ont en-
« vironné, et je me suis vengé au nom du Sei-
« gneur. » Plus bas: « Ouvrez-moi les portes de
« la Justice, afin que j'y entre, et que je rende
« graces au Seigneur... C'est ici le jour du Sei-
« gneur (3). » Les mêmes sentiments respirent
par-tout; par-tout espérance, crainte, douleur,
joie, tout cela au dernier période, et pourquoi? pour épurer nos affections et les soumettre à Dieu : l'espérance, pour diriger vers
lui la confiance qui se fonde sur les appuis hu-
mains : la crainte et la tristesse dans les dangers, pour combattre l'orgueil, et fixer la pensée sur les vengeances du Seigneur : la joie,
pour en rappeler le véritable usage, qui consiste à se réjouir dans le Seigneur, à attendre
de lui son salut. Ainsi, dans quelque disposition que vous vous trouviez, de joie ou de

---

(1) *Ps.* CXLI, 5. — (2) *Ibid.* XVII, 6. — (3) *Ibid.*
CXVII, 11, 19, 24.

crainte, que vous ayez à exprimer ou des vœux ou des actions de graces, David vous fournit la matière de vos cantiques : ses paroles seront votre langage ; et ce n'est plus un autre qui parle, c'est vous-même qui exprimez vos propres sentiments.

Telle est la doctrine de saint Athanase, et telle est, en effet, l'efficacité des Psaumes, qu'au lieu que les autres livres nous enseignent à aimer Dieu, à le prier, à fléchir sa justice, à pleurer nos péchés, à en faire pénitence; ici nous avons les méthodes de le prier, de faire pénitence, de nous réjouir dans le Seigneur, et pour tous les états de grace, soit donnée, soit perdue, soit recouvrée, d'exécuter ce qui plaît à Dieu : méthode la plus facile pour réformer ses mœurs, et soumettre à Dieu toutes ses affections. D'où il résulte que, l'ame semblable, dans les affections diverses qu'elle éprouve, à un instrument dont les cordes bien tendues et mises en harmonie rendent un concert parfait, l'homme, devenu tout entier cet instrument sous la main de Dieu, est dans un accord si habituel et si inaltérable, que la régularité de sa conduite répond à la rectitude de ses pensées; sans contraste, sans inégalité; nul trouble, nul désordre dans ses affections ; tout entier à la raison, tout entier à la volonté divine. De là cette *euthymie*, équilibre absolu dont parle l'apôtre, quand il dit : « Quelqu'un « parmi vous est-il d'une ame égale, qu'il « chante de saints cantiques (1). » Concluons avec lui que personne ne peut bien chanter des Psaumes au Seigneur, à moins de diriger vers lui tous les ressorts de son ame réglés et ordonnés conformément à la raison.

Telles sont à peu près les expressions du grand saint Athanase qui dit les tenir lui-même d'un vieillard respectable. Nous ne parlerons pas ici des autres avantages qu'il assure que l'usage de chacun des Psaumes peut procurer dans chacune des circonstances de la vie, nous réservant d'en faire l'observation dans le détail de notre commentaire.

XL. Témoignage de saint Augustin.

Saint Augustin a parlé dans le même sens (2). « Quels sont, dit-il, ceux qui chantent? Ce « sont ceux qui font de bonnes œuvres. Mais « cela ne suffit pas. Ceux qui ne font le bien « qu'avec tristesse ne chantent pas encore. Qui

---

(1) *S. Jacq.*, ch. V, v. 13. — (2) *In Ps.* XCI, n. 5, t. IV, part. II, col. 984.

« sont donc ceux qui chantent? Ce sont ceux
« qui font le bien gaiement : car tout chant de
« musique est accompagné de joie. Dieu, dit
« saint Paul, aime celui qui donne avec joie. »
Et voilà le fruit le plus abondant à recueillir
du chant des Psaumes, c'est de nous apprendre
à nous réjouir dans le Seigneur, à l'exemple
du saint roi, au sein même des plus grandes
calamités.

Formé sur ces leçons, lecteur chrétien,
entrez dans l'intelligence des Psaumes : livrez-
vous à ces chants sacrés, le principal exercice
de la piété chrétienne. Pour cela, identifiez-
vous avec le prophète-roi, pénétrez-vous de
ses plus intimes sentiments. D'abord examinez
attentivement les paroles, et mettez-vous en
harmonie avec elles. Prenons un exemple,
dont vous puissiez appliquer le principe à
toutes les autres circonstances de la vie. Vous
êtes en proie à la souffrance; et c'est là l'état le
plus habituel de la vie humaine ; vous avez
besoin de consolation : prenez-moi le livre des
Psaumes; que vos yeux s'arrêtent sur ce verset :
« Je me suis tu, et je n'ai point ouvert la bou-
« che (1). » Quelle énergie dans ces paroles !

---

(1) *Ps.* XXXVIII, 10 et suiv.

David ne dit pas seulement : « Je me suis tu ; » mais : « Je n'ai pas même ouvert la bouche : » pas un mot, pas une plainte, point de ces gémissements et de ces paroles confuses, échappés à la douleur, et qui la manifestent. Les soupirs sont comprimés dans son sein : voilà pour le dehors; quant à l'intérieur : « J'ai été « humilié. » S'il garde le silence, ce n'est point par orgueil ou par mépris, ce qui seroit de la hauteur; ce n'est point non plus par crainte, ce qui suppose la dissimulation d'un chagrin concentré, plutôt que le triomphe sur son ressentiment; non, ce n'est rien de tout cela; mais c'est par respect pour la justice vengeresse du Seigneur. Quel est en effet le principe de cet humble silence? « Parceque c'est vous « qui avez agi, » vous, Seigneur, non Saül, et les autres ennemis du saint roi; mais vous, qui maniez à votre gré les volontés même des pervers. Et pourtant sa résignation n'empêche point les déchirements de la douleur. Cédant à sa violence, il s'écrie : « Éloignez de moi vos « coups, » détournez votre main, dont je ne puis plus supporter l'effort; car « je suis tombé en « défaillance sous la force de votre bras, » et je suis hors d'état de résister davantage. Cependant je suis bien loin de m'irriter de l'excès de

vos rigueurs; car, « dans vos châtiments, vous
« avez puni l'homme à cause de ses iniquités : »
non par colère, non par haine, non par passion, mais par le plus juste, bien que par le
plus insupportable jugement. « Vous avez
« rendu tous les objets de ses desirs aussi frêles
« que la toile de l'araignée : » vous avez jeté
l'amertume au sein de ses espérances et de ses
richesses, par qui l'homme se travaille vainement à combattre les atteintes du mal; car « il
« est bien vrai que l'homme s'agite vainement : »
pour lui point de ressources, point de recours
contre vous que dans vous-même. C'est pourquoi David se jette tout entier dans le sein de
la divine miséricorde : « Exaucez-moi, ô mon
« Dieu !... rendez-vous attentif à mes larmes; »
car il y a une voix pour les larmes : Dieu a des
oreilles pour entendre les soupirs et les gémissements. Et il ajoute : « Faites trève à mes
« maux, afin que je trouve quelque rafraîchis-
« sement avant que je parte. » Ce que je demande, ce n'est ni du plaisir, ni du bonheur
dans les ombres de cette vie d'un jour, mais
un léger rafraîchissement au moment de mon
départ. La vie n'est qu'un souffle qui s'évanouit; à peine aurai-je commencé à respirer,
que la mort viendra, « et je ne serai plus. » Ce

modèle vous servira, non plus pour l'explication, mais pour l'imitation des Psaumes : ainsi vous vous transporterez à vous-même les sentiments du religieux prince. Par ces mots de méditation, avec cette manière de prier, exprimée des Psaumes, vous ferez ce que vouloit saint Paul, quand il disoit : « Je chanterai en « esprit, je chanterai en intelligence (1) : » vous arriverez à cette sainte et parfaite psalmodie qu'enseigne saint Augustin, et à laquelle nous vous conduisons comme par la main.

Mais qui nous donnera de pouvoir goûter dans nos cantiques ce délicieux sentiment dont parle l'apôtre : « Si notre cœur ne nous con-« damne point, nous avons de la confiance « devant Dieu (2), » et ce qui en est la suite : « Et quoi que ce soit que nous lui demandions, « parceque nous gardons ses commandements, « et que nous faisons ce qui lui est agréable. » Dans cette confiance, écrions-nous avec David : « J'ai détourné mes pas de toute voie mau-« vaise (3); » et encore : « Le Seigneur me rendra « selon ma justice, et selon la pureté de mes « mains (4). » Gardons-nous toutefois de nous

---

(1) *I. Cor.* XIV, 15. — (2) *I. Joan.* III, 21, 22. — (3) *Ps.* CXVIII, 101. — (4) *Ibid.*, XVII, 25.

glorifier en nous-mêmes; mais rapportons tout à Dieu purement, sincèrement, comme n'ayant rien que de sa miséricorde.

XLI. *Méthode excellente proposée par le saint docteur pour la récitation des Psaumes.*

N'oublions pas ce que répète en vingt endroits saint Augustin, que l'onction et la lumière toute divine des Psaumes ne sont jamais plus sensibles que quand nous y considérons Jésus-Christ et son Église, le chef et les membres, soit manifestés à découvert, soit désignés figurativement (1). Non qu'il faille pour cela abandonner le sens historique ou littéral, celui que l'on nomme immédiat; au contraire ce sens mystique en sera d'autant plus clair et plus assuré, que le type lui-même, c'est-à-

---

(1) « Il est donc certain, et par le témoignage que « Jésus-Christ rend à ces divins cantiques de parler de « lui, et par les applications fréquentes que lui en font « les apôtres dans le nouveau Testament, et par l'usage « perpétuel de l'Église qui en fait la matière de toutes « ses prières, et enfin par la doctrine constante des « saints pères; il est certain que Jésus-Christ et son « Église sont l'objet principal des Psaumes, c'est-à-« dire, que ces divins cantiques sont tout prophétiques « du mystère de la rédemption. » D. Calmet, tom. VI, pag. 37.

dire l'objet historique et littéral aura été appuyé sur de plus solides fondements. Donnons donc de plus en plus l'essor à nos pensées, et là où nous verrons David et Salomon, les ennemis de David, Saül, Achitophel, et les autres, des guerres et des temps de paix, des périodes de captivité et de liberté, représentons-nous Jésus-Christ et son Église éprouvée par les traverses et les dangers, étrangère au milieu des adversités et des prospérités; représentons-nous les persécuteurs des saints; non seulement les ennemis extérieurs, mais invisibles, les puissances de ténèbres répandues dans l'air, les combats dont cette vie est perpétuellement assiégée, et, dans l'avenir, la paix qui nous est promise pour l'éternité.

Bossuet a ajouté à la Dissertation sur les Psaumes un supplément (1) où il livre une attaque directe à Grotius, qui prétendoit que, quand les apôtres ont fait usage des oracles des prophètes pour prouver que Jésus-Christ étoit le Messie, ils n'ont point présenté ces oracles comme des preuves d'une vérité

---

(1) *Supplenda in Psalm.*, pag. 14 du tom. Ier de l'édit. in-4e des Bénédictins, Paris 1743.

déja suffisamment attestée par les miracles et la résurrection de Jésus-Christ, mais qu'ils se proposoient uniquement d'éclaircir et de continuer ce qui étoit déja reconnu et démontré. Un tel système affoiblissoit singulièrement l'autorité des prophéties; il enlevoit à la vérité chrétienne une de ses plus palpables démonstrations, et, par des conséquences ultérieures, rejaillissoit sur les autres preuves de la certitude du christianisme, et jusque sur les miracles eux-mêmes, en laissant craindre qu'on ne pût les attaquer également. Bossuet établit que l'ensemble des prophéties forme un faisceau de lumière propre à convaincre les esprits les plus opiniâtres; qu'il y a donc une coupable témérité à prétendre les expliquer toutes, comme faisoit Grotius, dans un sens purement métaphorique, tandis que la plupart se rapportent uniquement à Jésus-Christ Messie, et ne peuvent s'expliquer que par lui. Il termine en déplorant les erreurs d'un si savant homme, et cette perpétuelle versatilité d'esprit (1) qui ne parut l'enlever un moment à la secte calviniste, que pour le rejeter dans les opinions sociniennes. On a dit qu'il avoit fini par rentrer au sein de l'Église catholique : ses derniers écrits pouvoient en donner l'espérance (2) : on ne voit point qu'il l'ait réalisée.

FIN DE LA DISSERTATION SUR LES PSAUMES.

---

(1) *Supplenda in Psalm.*, Ps. XLVII. — (2) Voyez la Vie de Bossuet par monseigneur l'évêque d'Alais, tom. IV, pag. 318.

TABLE
DES CHAPITRES.

Préface du traducteur.   Page 5
Lettre Pastorale ou épître dédicatoire.   19
Dissertation préliminaire sur les Psaumes.   25

Chapitre premier. De l'esprit et de l'objet des Psaumes.

I. Vertu de la poésie : psaumes chantés dans les assemblées religieuses.   26
II. Soins donnés par David au chant et à la musique sacrée.   29
III. Appuis que la foi trouve dans les Psaumes : d'abord le récit des événements passés, ensuite l'histoire des temps présents.   32
IV. Antiquité de la poésie et des cantiques chez tous les peuples. Exemple de Moïse et autres.   35
V. Les événements des temps passés rappelés dans les Psaumes.   38
VI. Réfutation, par les témoignages du livre des Psaumes, de ceux qui attribuent le Pentateuque à Esdras ou autres écrivains que Moïse.   44
VII. Fondement de notre foi et de notre espérance dans les prédictions de David au sujet de Jésus-Christ.   47
VIII. Les Psaumes excitent l'espérance : le bonheur de la vie future y est représenté sous des figures.   49
IX. Explication de ces textes d'où résulte l'espérance des biens futurs.   53

X. Motifs de charité exprimés dans les Psaumes. Page 57
XI. Merveilleux sentiment de la charité envers Dieu répandu dans les Psaumes. 60
XII. Charité envers le prochain, sans excepter les ennemis. 61
XIII. Ce que l'on y doit entendre par le mot *ennemis*, et dans quel sens il faut prendre les fréquentes imprécations que l'on y rencontre. 66
XIV. Des sacrements de l'ancien peuple, et des pieuses dispositions de David à son égard. 72

Chap. II. De la majesté et de l'onction des Psaumes.

XV. Du style des Psaumes. 81
XVI. Du pittoresque de l'expression dans les Psaumes. 83
XVII. Comparaisons et similitudes; leur sublime précision. 89
XVIII. Vivacité, chaleur de mouvements. 96
XIX. Douceur répandue dans les Psaumes. 100

Chap. III. Des différentes espèces de Psaumes.

XX. Divers genres de Psaumes : pourquoi. 106

Chap. IV. De la profondeur et de l'obscurité des Psaumes.

XXI. Causes de l'élévation des Psaumes : la première, l'élévation des sujets. 110
XXII. La seconde, la prophétie; la troisième, l'enthousiasme poétique. 112
XXIII. Autre cause : le caractère de l'idiome. 115

Chap. V. Du texte original et de ses versions.

XXIV. Avis nécessaire · les différences qui se rencon-

TABLE. 185

trent dans les leçons et les versions n'empêchent pas que ce ne soit par-tout la même substance dans les choses et la doctrine. Règles quant au texte et aux versions: première règle. Page 117
XXV. Autre règle: consulter les anciennes versions. 130
XXVI. Usage à faire de ces règles. Version de saint Jérôme faite sur l'hébreu. 133

CHAP. VI. Des titres et autres notes; des arguments; des auteurs, et de l'ordre des Psaumes; des chœurs, et de la danse religieuse; du rhythme ou mesure des Psaumes.

XXVII. Titres des Psaumes: leur authenticité. 136
XXVIII. D'une note qui termine le psaume soixante-et-onzième. 141
XXIX. Quels ont été les auteurs des Psaumes. 143
XXX. Même sujet: titres, auteurs et arguments des Psaumes. 146
XXXI. Du mot *séla*, tout-à-fait indifférent au sens. 148
XXXII. Des danses et du rhythme. 149
XXXIII. Des instruments de musique. 153
XXXIV. On n'a rien de précis quant à l'ordre des Psaumes. 156

CHAP. VII. De la méthode de lire et d'entendre les Psaumes.

XXXV. Avantages à tirer de l'obscurité des Psaumes: de la foi naît l'intelligence. 158
XXXVI. Méthode pour la lecture des Psaumes. Quelques mots sur les écrivains auxquels nous nous sommes principalement attachés. Du commentaire de saint Jérôme sur les Psaumes. 159

XXXVII. Ordre des versets : gloses de la Vulgate : on en rapporte ici un grand nombre. Page 164

Chap. VIII. De l'usage à faire des Psaumes dans toutes les situations de la vie.

XXXVIII. Chacun doit se considérer soi-même dans le Psalmiste. Témoignage de saint Athanase. 168

XXXIX. Se purifier avec David; porter ses affections vers Dieu : toujours d'après saint Athanase. 171

XL. Témoignage de saint Augustin. 174

XLI. Méthode excellente proposée par le saint docteur pour la récitation des Psaumes. 179

FIN DE LA TABLE.

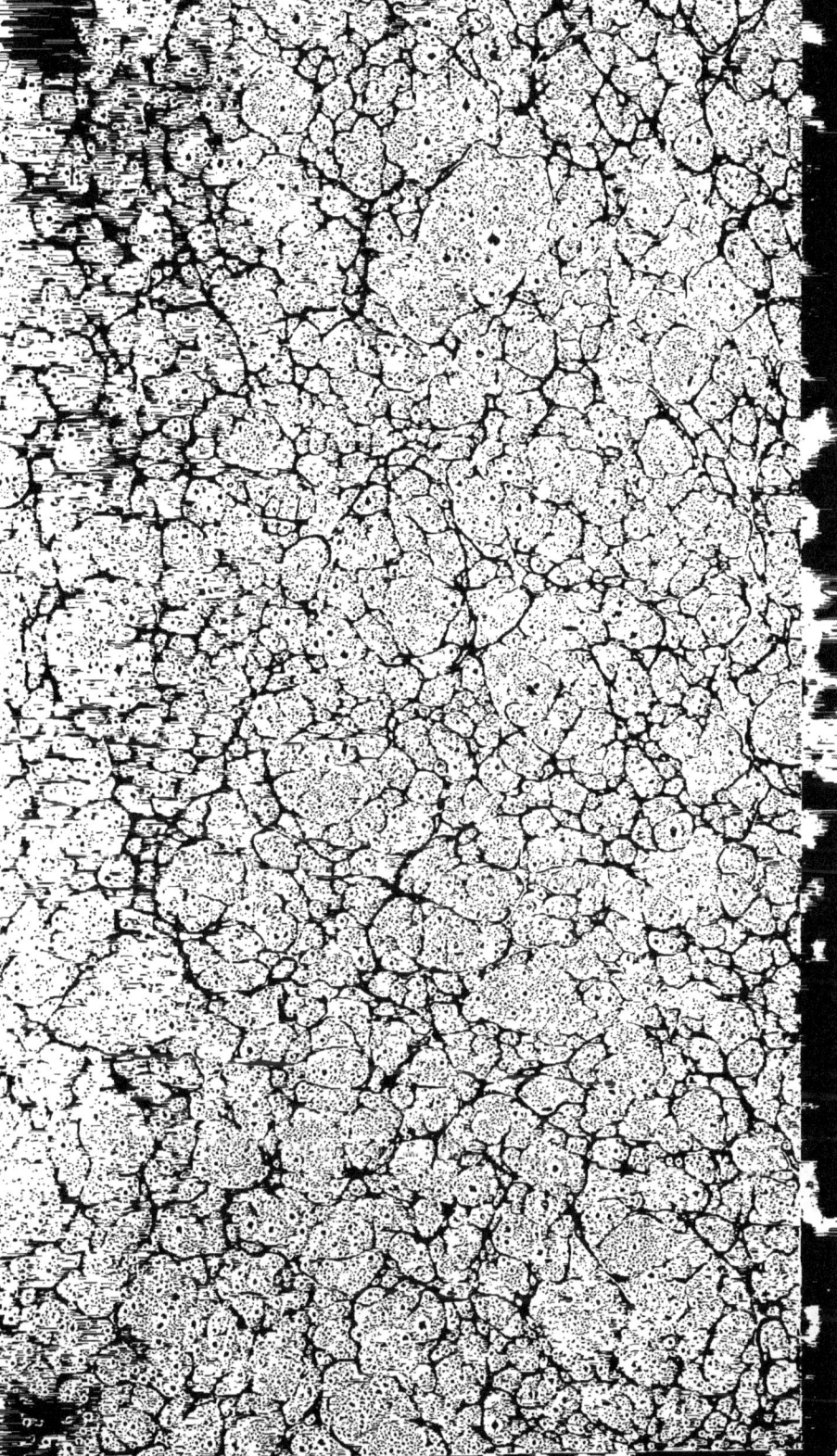

www.ingramcontent.com/pod-product-compliance
Lightning Source LLC
Chambersburg PA
CBHW060515090426
42735CB00011B/2226